Standards for Technological and Engineering Literacy
The Role of Technology and Engineering in STEM Education

技术与工程素养标准

技术与工程在 STEM 教育中的作用

[美] 国际技术与工程教育协会（ITEEA） 著

顾建军 等 译　　　　刘宝存 审校

上海科技教育出版社

译者的话

在当代，技术与工程无处不在，技术与工程素养已成为儿童青少年走向未来生活的必备素养。1994年，国际技术教育协会（International Technology Education Association，简称ITEA）在多方机构支持下，组织专家开展"面向所有美国人的技术"项目的研究，开启了面向所有美国人的技术素养标准研制之路；1996年，该组织发布项目研究的第一份报告《面向所有美国人的技术：技术学习的原理与结构》（Technology for All Americans: A Rationale and Structure for the Study of Technology）；2000年，国际技术教育协会（ITEA）发布该项目的核心纲领性文件《技术素养标准：技术学习的内容》（Standards for Technological Literacy: Content for the Study of Technology，国内出版时翻译为《美国国家技术教育标准：技术学习的内容》）；2020年，由国际技术教育协会（ITEA）更名而来的国际技术与工程教育协会（International Technology and Engineering Educators Association，简称ITEEA）在对《技术素养标准：技术学习的内容》进行全面修订的基础上，又正式发布《技术与工程素养标准：技术与工程在STEM教育中的作用》（Standards for Technological and Engineering Literacy: The Role of Technology and Engineering in STEM Education，简称STEL）。为了更好地让读者了解国际上儿童青少年技术与工程教育的发展趋势和国际技术与工程教育协会（ITEEA）发布的新一代标准内容，南京师范大学K-12技术与工程教育研究中心在与国际技术与工程教育协会（ITEEA）多年专业合作的基础上，组织力量翻译了该标准。

感谢国际技术与工程教育协会（ITEEA）前任执行主席史蒂文·巴巴托（Steven Barbato）在与南京师范大学K-12技术与工程教育研究中心达成翻译合作意向方面发挥的积极作用，感谢国际技术与工程教育协会（ITEEA）现任执行主席凯利·杜利

（Kelly Dooley）提供了原版书籍，感谢上海科技教育出版社对本书出版给予的大力支持和帮助。南京师范大学K-12技术与工程教育研究中心和上海科技教育出版社通力合作，促成了本书的顺利翻译和出版。

本书由南京师范大学K-12技术与工程教育研究中心主任顾建军教授主持翻译，北京师范大学国际与比较教育研究院院长刘宝存教授对全书翻译的文字进行审校。南京师范大学技术与工程教育学科施聪莺、柳月、王洁、杨儒雅，以及湖北工业大学杨秋月博士全程参与翻译工作，南京师范大学2021级科学与技术教育专业全体硕士生参与翻译研讨和资料查阅，南京师范大学2020级物理与技术教育专业本科生傅志成、韩其成、范小语参与部分章节的文稿整理。本书由南京师范大学K-12技术与工程教育研究中心成员共同构思、共同商议而成。在翻译过程中，参考了2000年国际技术教育协会（ITEA）发布的英文原版文件Standards for Technological Literacy: Content for the Study of Technology和中文翻译版书籍《美国国家技术教育标准：技术学习的内容》（黄军英等人翻译、武夷山审校、科学出版社于2003年出版），得到了浙江省教育厅教研室综合部副主任管光海博士等诸多专业人士的关心和帮助，在此，表示诚挚的谢意。

由于译者水平有限，不妥之处敬请各位专家和广大读者批评指正，以便我们进一步修改和完善。

译者

2023年11月28日

目 录
CONTENTS

题献 ·· i

序言 ·· ii

第 1 章
《技术与工程素养标准》的必要性

素养的定义 ·· 2

全民技术与工程素养 ·· 3

技术与工程的教与学 ·· 4

作为学科整合工具的技术与工程学习 ·································· 5

第 2 章
《技术与工程素养标准》概述

《技术与工程素养标准》的整体结构 ································· 11

《技术与工程素养标准》的特点 ····································· 12

《技术与工程素养标准》的基本结构 ································· 13

核心学科标准 ··· 15

核心学科标准的格式 ··· 16

基准 ··· 16

技术与工程实践 ··· 17

技术与工程情境 ··· 18

《技术与工程素养标准》的主要用户 ································· 19

《技术与工程素养标准》的使用建议 ································· 19

《技术与工程素养标准》与 STEM 的协作 ···························· 20

第 3 章

核心学科标准

标准 1：技术与工程的性质和特征 ·· 25

标准 2：技术与工程的核心概念 ·· 33

标准 3：知识、技术和实践的融合 ·· 42

标准 4：技术的影响 ·· 47

标准 5：社会对技术发展的影响 ·· 55

标准 6：技术的历史 ·· 59

标准 7：技术与工程教育中的设计 ·· 65

标准 8：技术产品和系统的应用、维护和评估 ·· 73

第 4 章

技术与工程实践

技术与工程实践教学的指导原则 ·· 83

技术与工程实践 1：系统思维 ·· 85

技术与工程实践 2：创造力 ·· 87

技术与工程实践 3：动手制作 ·· 89

技术与工程实践 4：批判性思维 ·· 93

技术与工程实践 5：乐观 ·· 95

技术与工程实践 6：合作 ·· 97

技术与工程实践 7：沟通 ·· 99

技术与工程实践 8：关注伦理 ·· 100

第 5 章

技术与工程情境

技术与工程情境 1：计算、自动化、人工智能和机器人 ································ 106

技术与工程情境 2：材料转换与加工 ………………………………… 111
技术与工程情境 3：运输与物流 ……………………………………… 116
技术与工程情境 4：能源与动力 ……………………………………… 120
技术与工程情境 5：信息与通信 ……………………………………… 123
技术与工程情境 6：建筑环境 ………………………………………… 126
技术与工程情境 7：医疗与卫生相关技术 …………………………… 130
技术与工程情境 8：农业和生物技术 ………………………………… 134

附录 A：《技术与工程素养标准》基准课程开发资源 ……………… 139
附录 B：标准修订项目简史 …………………………………………… 145
附录 C：参考书目和参考文献 ………………………………………… 149
附录 D：致谢 …………………………………………………………… 161
附录 E：词汇表 ………………………………………………………… 167

题 献
DEDICATION

小威廉·E. 道格（William E. Dugger, Jr.）
1937~2018 年

　　制订《技术与工程素养标准：技术与工程在 STEM 教育中的作用》（以下简称《技术与工程素养标准》）的灵感源自小威廉·E. 道格博士。道格博士在 20 世纪 90 年代领导了"面向所有美国人的技术"（Technology for All Americans）项目，2000 年，他主导了《技术素养标准：技术学习的内容》（以下简称《技术素养标准》）的首次发布，并致力于在全世界范围内解读和推广这一标准。在道格博士的不懈努力下，美国各州、各学区，其他一些国家和地区，各学校的教师、各大教科书出版商、测试开发人员、其他专业协会，以及许多其他与国际技术与工程教育协会（ITEEA）相关的机构和人员均采用了《技术素养标准》。于我们而言，道格博士既是同事又是益友。《技术与工程素养标准》的出版正是为了纪念他。

序言
PREFACE

托马斯·洛夫兰
（Thomas Loveland）
项目负责人
马里兰大学东海岸分校（University of Maryland Eastern Shore）

玛丽·霍普夫
（Marie Hoepfl）
项目联合负责人
阿巴拉契亚州立大学（Appalachian State University）

史蒂文·巴巴托
（Steven Barbato）
项目联合负责人
国际技术与工程教育协会

菲利普·里德
（Philip Reed）
2020~2021年任国际技术与工程教育协会主席
欧道明大学（Old Dominion University）

　　自2000年《技术素养标准》发布以来，人们从未减少对技术相关教育课程的重视。当时和现在一样，技术教育的主要目标都是提高全体学生的技术素养，帮助学生对技术及其在社会发展中的地位形成广泛的理解，使他们成为技术世界的积极参与者、谨慎创造者和广泛使用者。所有技术系统都与社会和环境中的情境息息相关，并且会造成或将造成预期或非预期的后果。当前我们面临的许多全球性问题都是由技术选择造成的，因此，参与决策的公民需要具备较高水平的技术素养。

　　在过去的20年里，教育发生了翻天覆地的变化。在学前至12年级（PreK~12）的课程中，越来越强调设计，尤其强调技术与工程设计。这反映出人们愈加重视基于设计的学习（design-based learning），认可探究、批判性思维、动手制作和实践(hands-on making and doing)对学习的促进作用，以及关注学生在不同情境下可终身适用的学习技能。此外，科学、技术、工程和数学（STEM）教育在学生大学入学和就业（包括在高技能职业就业）准备中发挥的作用也得到了社会的认可。尽管有了这样的认识，但技术与工程在学前至12年级学生教育中的角色和定位，仍常常被狭隘地定义或误解。为此，《技术与工程素养标准》应运而生，以澄清这些问题。

《技术与工程素养标准》阐明了技术与工程在STEM教育中所发挥的作用，但是和技术与工程有着跨学科联系的，并不仅限于科学和数学这两个学科。人们认为，素养（literacy）泛指从语言艺术、社会研究和艺术等众多学科领域中习得的能力。因此，《技术与工程素养标准》试图强调技术与工程学习具有更广泛的跨学科属性，如社会、伦理、经济、环境和美学因素必须与技术因素一同考虑。长期以来，设计、制作与实践的过程一直是技术与工程教育实验室－教室（laboratory-classroom）的标志，并为学生提供了充分的机会来思考和应用不同学科的内容知识、技能和价值观。

《技术与工程素养标准》提供了一个全新的视角来理解"具备技术与工程素养的学生应知应会些什么"。本书未定义一个单一的课程模式，也未声明其可以作为STEM标准，而是描述了学前至12年级技术与工程教育的内容和实践能力。美国各州、各学区，其他一些国家和地区，以及教师等，可基于《技术与工程素养标准》开发适合特定教育环境的课程。

《技术与工程素养标准》与2000年发布的最初版《技术素养标准》相比，有几处明显的不同。核心学科标准的数量从20个减少至8个，相关基准从288个减少至142个。这不仅蕴含着技术与工程专业和STEM领域人员的心血投入，也反映了人们对"权威"标准的渴望。所谓"权威"标准，就是这些标准和基准中所定义的理念和能力具有持久性，随着时间的推移，不会因为技术革新而变化。《技术素养标准》中的"设计世界"在本书中被重新定义为"技术与工程*情境*（contexts）"。这反映出《技术与工程素养标准》期待实现方法上的转向，即尝试从过于宽泛的技术与工程活动转向更具现实意义的活动，这种具有现实意义的活动既可进行本土化灵活应用，亦能帮助学生吸收并应用本书的核心内容和实践能力。对于每一类情境领域，《技术与工程素养标准》都给出了课程教学案例。此外，本书还概述了技术与工程**实践**（practices），明确了所有学习技术与工程的学生都应具备的关键特质和个人品质。因此，《技术与工程素养标准》是一份指南，教育工作者可以在此基础上开展课程教学、实施课程评价、设计教学环境、与更广泛的教育界建立联系，为学生的未来做好准备。

本次修订工作得到了美国国家科学基金会（National Science Foundation）和美国技术基金会（Technical Foundation of America）的资助。感谢修订项目领导组的成员，他们全程参与了此项工作；感谢审查与写作组的成员，他们牺牲个人的时间，利用自身的专业知识，促成本书的成形；还要感谢对书稿进行审读并给予建议的每个人。我们希望本书的出版能够成为催化剂，继续推动技术与工程素养全民化目标的实现。

第 1 章 《技术与工程素养标准》的必要性

技术与工程遍及人类生活的方方面面。人类的各项活动都依赖于其所创造的产品、系统和流程，如种植粮食、建造住所、通信交流、工作和娱乐。世界越来越复杂，对于每个人而言，更多地了解技术与工程也变得愈发重要。人们需要理解技术对生活、社会和环境产生的影响，懂得如何使用并开发技术产品、系统和流程，以拓展自身的能力。人们对这些知识的理解构成了技术与工程素养的重要内容。

1

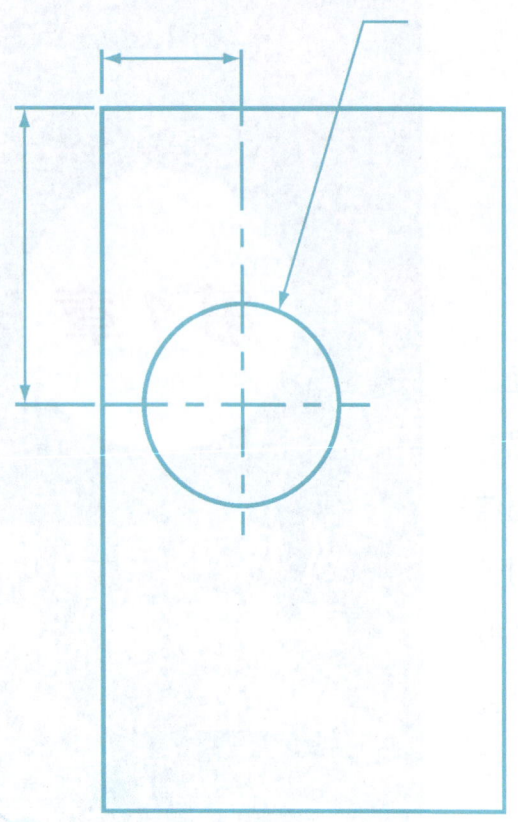

素养的定义

素养曾单纯地指读与写的能力，如今，它被赋予了更加丰富的内涵。美国国家科学院、工程院和医学研究院（National Academies of Sciences, Engineering, and Medicine）于2016年发布的一份报告，对比了**基础素养**（foundational literacies，指文本素养和运算能力）和**学科素养**（disciplinary literacy，指特定领域的知识）。两类素养都很重要，任何学科领域的内容标准都要关注这两类素养。素养是一个与时俱进的概念，也就是说，某一特定领域的知识、技能和能力会随着时间的推移而发生变化。科学素养、技术素养、工程素养和数学素养之间有着千丝万缕的联系，但每一类素养也都有其典型特征。技术与工程素养的典型特征之一是强调过程和行动（action），包括设计和制作。《技术与工程素养标准》旨在阐明技术与工程素养的框架。尽管"STEM素养"的定义尚未明确，但人们普遍认为，提升这4方面素养有利于发展功能性素养（functional literacy），以满足迫切的社会需求。

全民技术与工程素养

所有儿童、青少年和成年人都需要进一步理解技术与工程，主要原因是：技术与工程影响着人类生活的方方面面，但人们对此却知之甚少。例如，大多数人将技术仅视为智能手机和计算机之类的通信设备，这是对技术的一种狭义理解。同样地，许多人认为工程仅是一种职业，他们不了解工程与日常生活是如何联系的。我们的目标不是让每个人都成为技术专家或工程师，而是提升公众的技术与工程素养，使其能够做出明智的技术决策，并更好地设计、开发和使用技术。

社会对科学、技术、工程和数学（STEM）人才需求的增加，成为促使更多人学习技术与工程的一个重要原因。STEM领域的工作通过研发来创造新的产品和服务，提升我们生活的整体质量。然而，长久以来，技术与工程尚未被视作学前至12年级教育的核心学科，不像科学和数学学科那样备受关注。事实上，所有职业都涉及技术产品、系统和流程的使用，因此，具有较高技术与工程素养的人往往能更好地适应劳动力市场。

现代社会的职业要求个体具备批判性思维和跨学科思维，以适应新技术。加强技术与工程教育恰好可以满足这一需求。

技术与工程对消费者也产生了巨大影响。消费者购买的一切产品——从住房、汽车，到食品、服装和药品——都是技术与工程活动的产物。提高消费者技术与工程素养的整体水平，有助于他们更好地理解设计参数、制造工艺，以及诸如可持续性和产品生命周期等关键概念。消费者在考虑购买产品和使用服务时，对技术与工程了解得越多，越能做出明智的决策。

技术与工程甚至还影响着人们的休闲活动。例如，我们所参与的体育、游戏和娱乐活动通常涉及各种设备。这些设备的开发和完善离不开迭代设计、新材料和新工艺。休闲活动造成的伤害可通过诊断和康复医疗技术进行治疗。这些技术与工程的应用案例在生活中比比皆是，只是人们甚少在意。理解休闲活动和技术与工程之间的关系能够使人们的休闲活动更安全、更有趣。

最后，全民技术与工程素养的重要性还体现在对社会－文化（socio-cultural）的影响上。技术产品、系统和流程的设

与工程实践构成了一个全面的框架,详细阐述了全民技术与工程素养的要素。本书旨在为教师、管理人员和其他教育专业人士提供行动指南,帮助他们开发严谨的学前至 12 年级技术与工程相关课程。

技术与工程的教与学

技术与工程素养的价值和重要性已被众多专家所接受。尽管已达成共识,但并非所有学校都开设了正式的技术与工程课程。一些国家、州/省和地方已经将技术与工程教育纳入必修课程,但是很多学生,尤其是学前至 5 年级的学生,很少或根本没有机会学习技术与工程。他们在毕业时,对塑造当今社会最强大力量之一的技术与工程知之甚少。

技术与工程是复杂且不断演化的,因此,教师不能在个别事实性知识上浪费时间,而要聚焦于更广泛的维度——技术与工程情境中的认知(knowing)、思维(thinking)和行动(doing)。**认知**维度包括获取信息、组织信息,以及理解事实和概念间的关系。**思维**维度需要通过质疑、分析和决策来理解信息。**行动**维度是指通过诸如设计、制造/建造、生

计和创造是为了达成某种预期目的,但通常会以意想不到的方式被使用,甚至造成难以预料的或非期望的后果。例如,除草剂的有效使用减少了对农业劳动力的需求,但人们后来发现,除草剂可能会对动物和人类产生有害影响。此类社会 – 技术(socio-technological)问题常有发生,一方面是因为我们无法完全预测技术设计和实施的所有结果;另一方面在于人们所关注的设计参数比较有限。了解了技术与工程,人们才能思考并应对技术与工程决策可能造成的深远影响。

每个人都应该学习技术与工程,其原因不仅限于上述所列举的职业、消费、休闲活动和文化相关的例子。本书所描述的核心学科标准(core disciplinary standards)、技术与工程情境,以及技术

产和评估的方式来应用技术与工程。认知、思维和行动这3个维度是相辅相成的，且对培养技术与工程素养同等重要。

技术与工程教育的目标是培养具有广博知识和多种能力的学生，使他们了解技术、工程和社会之间的相互作用，并能够使用、开发和评估当前的和新兴的技术。实现该目标需要关注三大学习领域（认知、情感和动作技能）的教与学过程。《技术与工程素养标准》在基准部分使用了行为动词，这些动词在3个领域随着年级段的增长而逐步升级，其目的是帮助课程开发人员和教师以越来越复杂的方式搭建教学构架，以满足学生在技术与工程学科不断深入学习的需求。

虽然STEM中的"T"（技术）和"E"（工程）通常被视为同义词，但有必要深入探讨将工程纳入《技术与工程素养标准》的意图。《技术与工程素养标准》并不力求囊括所有的工程内容。技术与工程素养侧重于技术产品、设计，以及技术、社会的相互作用，而非仅关注工程及其子领域（例如机械、土木、电气等）。换言之，工程学科学习中的"工程"（Engineering）是一个名词，

工程设计和工程思维习惯应用中的"工程"（engineering）是一个动词。本书使用了后一种描述，将"工程"视为动词。在这种表述中，技术为《技术与工程素养标准》奠定了基础，而工程（作为动词）则将关键理念（key ideas）以及既定的工程实践和思维习惯联系起来，一方面加强了STEM教育的内部联系；另一方面拓宽了STEM与更广泛的教育环境间的联系。

作为学科整合工具的技术与工程学习

每一门教育类学科都有其学科特点：内容、认识论基础和实践历史，涉及课程、教学和研究。这些特点推动着教育发展，但是学科并不是凭空形成的，也不是孤立发展的，教育本质上是跨学科的。乍看，技术与工程教育似乎以科学和数学为坚实基础，但事实上技术与工程教育和人文艺术学科也有着紧密的联系。例如，交通运输系统（如卡车和电动汽车）的开发人员不仅要考虑技术层面的个性化驾驶问题；还要考虑美学原则，以吸引用户；考虑人因原则，以

1

保证安全驾驶的同时更好地满足用户需求；考虑社会因素，以提升公众对车辆的接受度和认可度；此外，还要考虑通过熟练的专业写作技巧来传达理念、规划和营销。这些跨学科的联系对于技术与工程素养来说至关重要，是贯穿《技术与工程素养标准》的一个基本要素。

STEM这一缩写词最能明显地体现技术与工程的跨学科关系。然而，人们通常更加关注STEM教育中的科学与数学，对技术与工程的关注甚少。造成这种情况的部分原因是大多数学校将科学与数学视为核心课程，而通常将技术与工程作为选修课程。此外，只关注STEM的做法淡化了其他学科在成功的技术与工程活动中所起的必要作用。《技术与工程素养标准》旨在帮助教育工作者更好地理解什么是技术与工程教育，以及如何开展相关教学，同时也强调了技术与工程素养的核心在于多学科性。

在让公众清晰地理解技术与工程素养的过程中会面临很多挑战，其中的一个挑战是技术与工程涵盖了非常广泛且不断延伸的人类活动领域。《技术与工程素养标准》试图将这一广泛领域提炼成一套基本的知识、技能和价值观（8项核心学科标准和相关基准），该标准可广泛适用于各类情境，并涵盖了公认的技术与工程实践能力。以下各章节将详细地介绍这些内容。《技术与工程素养标准》通过关注基本知识，定义了学前至12年级不同学段的学生应达到的素养水平，就像我们期望所有学生都应达到一定水平的语言素养、科学素养和数学计算能力一样。技术与工程素养和其他领域的素养一样，是学生顺利融入现代世界的基础。

技术与工程教育涉及对人工设计的产品、系统和流程的学习，以满足人类的需求和愿望。技术与工程教育具有最为广泛的学科结构，涵盖了几十个专业，包括从技术教育（关注特定技术领域的职业准备）到信息技术/计算机科学，再到众多工程分科，等等。正如《技术与工程素养标准》所定义的那样，技术与工程教育为那些想在更专业的领域继续学习并做就业准备的人提供了良好的开端。学前至12年级这一阶段的技术与工程教育也为每个人进入大学或未来就业奠定了基本认知和能力的基础。

技术与工程教育的一个重要特征是其独特的教学方法，包括通过动手制作和基于设计的策略来教学，并吸引学生参与。这些真实的体验通常来自课外活动（co-curricular activities），如服务学习项目或参与学生组织（如技术学生协会，TSA）。课程辅助活动通常包括让学生参与设计挑战、技术竞赛（如 VEX Robotics 和 TEAMS），以及非正式学习体验活动（如参观博物馆）。在后续有关技术与工程情境和技术与工程实践的章节中，将全面、详细地介绍技术与工程学习环境中适用的独特教学方法。

《技术与工程素养标准》远不只是提供了一份清单，明确了学生在技术与工程实验室–教室中应掌握的技术事实性知识、技术概念和技术能力。无论是技术与工程教师，还是艺术、语言、历史、科学、数学和其他学科的教师，他们在帮助学生培养技术与工程素养的过程中都发挥着作用。技术与工程在日常生活中无处不在，这一点应该体现在广泛的教与学过程中。世界在不断地变化，我们必须教授学生知识、技术与工程知识和价值观，使其成为能够适应变化的终身学习者。

《技术与工程素养标准》系统地介绍了学生达到较高水平的技术与工程素养应知应会些什么。换言之，这一标准规定了学前至 12 年级学生在技术与工程学习中应取得的成果，为教育工作者在地方、州和国家层面实现课程实施方法的更新提供了指导。

第 2 章

《技术与工程素养标准》概述

2

1996年发布的《面向所有美国人的技术：技术学习的原理与结构》，国际技术与工程教育协会（ITEEA，当时称为ITEA）2000年发布的《技术素养标准》和2019年发布的《技术素养标准修订项目：背景、基本原理和结构》（Standards for Technological Literacy Revision Project: Background, Rationale, and Structure），为《技术与工程素养标准》的发布奠定了基础。2019年发布的《技术素养标准修订项目：背景、基本原理和结构》探讨了技术与工程学习的结构和内容，《技术与工程素养标准》是对此项工作的进一步修订和完善。

国际技术教育协会（ITEA）于2000年发布了最初版的《技术素养标准》。该标准的发布引发了众多变革：其他学科相继发布了新的标准，如《国际教育技术协会标准》（International Society for Technology in Education Standards）和《新一代科学教育标准》（Next Generation Science Standards）；STEM教育、工程教育和21世纪技能［美国21世纪技能联盟（Partnership for 21st Century Skills），2019］受到越来越多的关注；新技术或新兴技术不断发展。这些变化

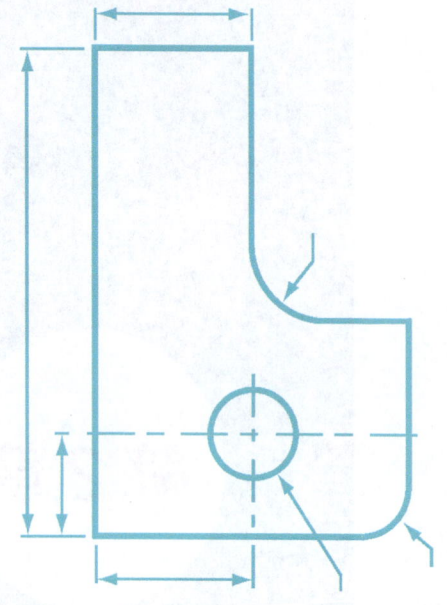

技术指的是通过人工设计的产品、系统和流程来改造自然环境，以满足人类的需求和愿望。

工程指的是在特定的约束条件下，利用科学原理和数学推理进行技术优化，以满足一定标准的需求。

技术与工程素养指的是理解、使用、创造和评估技术与工程活动的产物（即人类设计的环境）的能力。

促使《技术素养标准》被修订为《技术与工程素养标准》。与最初的《技术素养标准》一样，《技术与工程素养标准》不是课程规范，而是描述了研发区域和地方学前至12年级课程模型时应涵盖的内容。《技术素养标准》和《技术与工程素养标准》间最大的区别是标准数量从20项减少至8项。《技术素养标准》中的7项"设计世界"标准在《技术与工程素养标准》中被重新定义为"情境"，而非独立的标准，核心学科标准和基准将在"情境"下教授。

《技术与工程素养标准》的整体结构

放眼全球，技术与工程课程的结构和内容各有不同。因此，即使课程名称相同或相似，不同地区的学生在技术与工程课程中所学习的核心信息、基本概念和原理也不尽相同。《技术与工程素养标准》为学前至12年级学生的技术与工程学习提供了一套统一的核心内容标准，无论他们身在何处或未来的目标如何，这一标准都能帮助他们提高学习效果。例如，这些核心学科标准既适用于美国的机器人技术课程，也适用于新西兰的纺织品设计课程和埃及的电子课程。

在第3章中，《技术与工程素养标准》规定了每一位学生在技术与工程学习中应学习和掌握的核心知识和技能，学生按照年级的高低被分为学前至2年级、3~5年级、6~8年级和9~12年级4个年级段。这些标准和基准的制订，一方面力求符合学生的年龄特点；另一方面，每个年级段的标准与基准内容都建立在前一年级段的基础之上，并适当增加难度和进行一定拓展。

2 《技术与工程素养标准》的特点

《技术与工程素养标准》具有以下基本特点：

▶ 对学生在技术与工程或 STEM 实验室－教室中通过认知、思维和行动 3 个维度学会什么提出了一系列共同的期望。

▶ 适合不同年级段学生的发展特点。

▶ 为各国家、各州/省和各地区开发有意义的、相关的且明确的课程奠定了基础。

▶ 加强了学前至 12 年级技术与工程学科和其他学科之间的跨学科联系。

《技术与工程素养标准》不是一门课程，其原因在于，课程会说明教学的具体细节，包括在实验室－教室中组织、平衡以及以多种形式呈现教学内容；而标准则描述应涵盖哪些内容。课程开发人员、教师和其他人员应将《技术与工程素养标准》作为指南，为特定环境开发适当的课程实施方法。在罗列技术与工程学习的要素时，《技术与工程素养标准》从教育工作者、技术专家、工程师、科学家、数学家和家长的角度出发，对孩子成为有技术与工程素养的人应掌握哪些知识和技能提出了建议。

尽管《技术与工程素养标准》的确提供了评价标准，但无论是形成性评价还是总结性评价，都未给出判断学生标准达成度的评价过程。评价活动就是判断学生对《技术与工程素养标准》中所列出的内容和能力的掌握程度。与评价紧密相关的是教师在学生学习过程中的教学能力和指导水平，以及学校和学区的支持力度。无论是什么样的教育评价过程，其最终目标都应是判断学前至 12 年级每位学生的技术与工程素养水平。评价的方式有很多，既可以通过设计笔记、访谈、测验、项目和原型等方式对学生作品进行日常记录，也可以建立学

生在实验室-教室中的长周期活动档案袋（portfolios of longitudinal activities），还可以采用标准化测验的方式。必须设计、实施并定期监测可贯穿学生教育的综合评价计划。和所有成功的教学一样，开发的课程和评价应与标准中设定的目标相一致。

关于《技术与工程素养标准》的特点，最后要说明的一点是，为了增强可读性，本书中很少使用引文。但是，附录C列出了撰写《技术与工程素养标准》所参考的全部文献和书目。2019年发布的《技术素养标准修订项目：背景、基本原理和结构》（Buelin 等，2019）对此也进行了初步的文献综述，该项工作于《技术与工程素养标准》修订会议前（2019年夏初）开展，旨在汇报已完成的《技术与工程素养标准》修订工作。

《技术与工程素养标准》的基本结构

当《技术与工程素养标准》的三大要素应用于课程和活动时，构成了技术与工程素养的有效教学框架。《技术与工程素养标准》的三大要素包括核心学科标准、技术与工程实践，以及技术与工程情境（如图2.1所示，见下页）。可将此模型图想象为3个八边形，旋转这些八边形表示核心学科标准的应用涵盖不同的学科情境，会使用各种技术与工程实践能力。

核心学科标准代表了所有情境领域共有的信息、理念和过程。8类*情境*领域替代了最初版《技术素养标准》中的"设计世界"标准。《技术素养标准》和《技术与工程素养标准》都旨在涵盖人类参与的广泛技术活动领域。在本书中，核心学科标准和情境领域之间的关系显而易见。例如，"技术的历史"这一核心学科标准中提及的理念、概念和原理可帮助人们理解某项通信技术对人类福祉

的影响。技术与工程**实践**描述了可应用于核心学科标准和情境的通用实践能力和价值观。例如，学生通过团队合作（合作）可以分析（批判性思维）印刷机对人类进步的影响。简而言之，在8类技术情境中，核心学科标准是通用且普适的。学生通过应用这8类技术与工程实践来深入理解这些核心学科标准和情境。

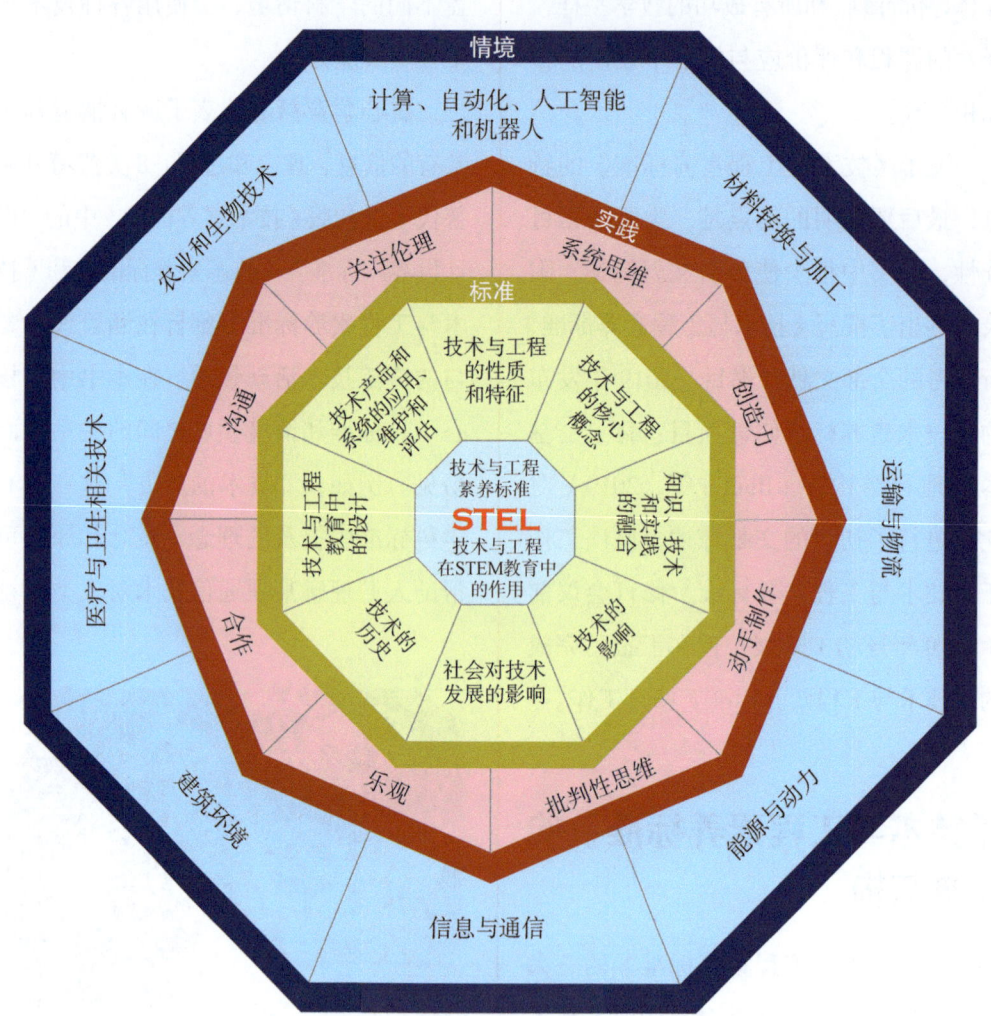

图2.1 《技术与工程素养标准》框架

核心学科标准

第3章将介绍《技术与工程素养标准》提出的8项核心学科标准。这些标准包括:

1. 技术与工程的性质和特征
2. 技术与工程的核心概念
3. 知识、技术和实践的融合
4. 技术的影响
5. 社会对技术发展的影响
6. 技术的历史
7. 技术与工程教育中的设计
8. 技术产品和系统的应用、维护和评估

当这些标准应用于教育环境中时,可以指导学生理解技术与工程,熟悉技术与工程的概念,并认识技术、工程和其他学习领域之间的关系。《技术与工程素养标准》在一个更广泛的情境下,通过探究技术对人类社会、建筑和自然环境的影响,探索社会因素如何塑造技术与工程实践能力,以及追溯技术的历史等方式,来研究技术与工程的应用。此外,学生还将对设计过程有所了解,尤其是设计属性、工程设计过程和其他问题解决方法,并在设计、制作、开发、操作、维护、管理和评估技术产品和系统的过程中发展相应的能力。

《技术与工程素养标准》规定了每位学生具备技术与工程素养应知应会些什么,提供了评判学生技术与工程素养是否提升的依据。总体而言,8项核心学科标准及其相关基准可分为三类:学生应该知道和理解的技术与工程知识是什么,他们应该能做什么,以及他们对待技术与工程的态度。第一类是*认知*基准,它明确了具备技术素养的学生应掌握的技术基本知识,即技术的工作原理及其在世界上的地位;第二类是*过程*基准,它描述了学生应该具备的动作技能(psychomotor)、组织能力和程序性能力(procedural abilities);第三类基准属于*情感*范畴,它描述了学生如何接收、回应、评价、组织和描述技术与工程。这三类基准是互补关系。例如,学生可以在课堂上学到有关设计过程的知识,但只有通过亲身实践,其流程设计能力和问题解决能力才能得到充分发展。同样,缺乏设计挑战中有关技术参数的理论知识,学生就很难有效地执行设计过程。成功的设计得益于情感领域中的积极性和坚持不懈。

2 核心学科标准的格式

每项核心学科标准都遵循以下格式：

▶ 首先给出标准的编号和标题。

▶ 接着是一个叙述，解释该标准的目的。每项标准中的关键理念加粗显示。

▶ 接下来呈现学前至 2 年级、3~5 年级、6~8 年级和 9~12 年级不同年级段的内容。在每个年级段的内容中，都有一段叙述。该叙述对标准加以解释的同时，就如何在该年级段的实验室–教室中实施标准给出建议。

▶ 每个年级段的叙述后列有一系列基准，这些基准详细说明了学生达到标准必须掌握的特定知识、技能和价值观。每个基准都以一个与认知、动作技能或情感领域相关的动词开始（说明：翻译成中文后，个别句子中动词不在句首）。每个基准还有一些补充语句，提供一些应用案例和其他详细信息。

基准

《技术与工程素养标准》中的基准对宏观标准的基本内容要素作了进一步细化。基准意在概述学生在学前至 2 年级、3~5 年级、6~8 年级和 9~12 年级各年级段需要达到的既定标准，应掌握的知识、技能和价值观。基准均以动词开始，按字母顺序（即 A、B、C）排列，并加粗显示。紧接着是进一步的详细说明和解释，并提供了范例。基准描述了学生达到每个标准应知应会些什么。

教育研究表明，在先前的知识经验基础上组织教学，而非将新知识作为独立的抽象概念，学生能更连贯且深刻地理解概念和过程（国家研究委员会，National Research Council, 2012）。据此，从学前至 2 年级阶段到 9~12 年级阶段，随着学生年级段的增长，《技术与工程素养标准》的基准从基本的观点逐渐演变为更复杂、更全面的观点。但是，这并不意味着学前至 2 年级基准中仅使用较低认知水平的动词。此外，基准中的某些概念在多个年级段都有所涉及，以确保学生能更完整地学习某一标准相关的一个重要主题。

标准和基准的建立旨在指导如何提升学生的技术与工程素养。《技术与工程素养标准》的制订参考了其他学科领域的标准，例如《新一代科学教育标准》（NGSS Lead States, 2013b）、《数学实践标准》(Standards for Mathematical Practice, Common Core State Standards Initiative, 2019)、《工程专业认证标准》[Criteria for Accrediting Engineering Program, Accreditation Board for Engineering and Technology (ABET), 2016]等。

技术与工程实践

第4章将详细介绍技术与工程实践，它借鉴了21世纪技能（21st Century Skills,Partnership for 21st Century Learning, 2019）和工程思维习惯相关研究（如, National Academy of Engineering, 2019b），最终形成了一系列以学生为中心的实践能力，体现了学生在不同情境领域中成功应用核心学科标准所需的知识、技能和价值观。

第4章涵盖了8种技术与工程实践，分别是：

1. **系统思维**
2. **创造力**
3. **动手制作**
4. **批判性思维**
5. **乐观**
6. **合作**
7. **沟通**
8. **关注伦理**

*系统思维*是指一种整体性理解，即所有技术都由相互关联的部分组成，这些关联部分嵌套在更大的系统中（如生态系统），大系统会对关联部分施加约束。系统思维还包括对通用系统模型的理解，即从输入、处理、输出和反馈机制的角度来探究技术。*创造力*是指通过调查、想象、创新思维和身体技能来实现目标，包括设计目标。*动手制作*是技术与工程区别于其他学科领域的显著特征。学习技术与工程的学生通过使用计算机软件、手工工具或其他方式来设计并构建技术产品和系统，大多数情况下会涉及动觉学习。*批判性思维*是指通过逻辑思考、推理和质疑等方式做出明智决策。

在技术与工程教育的背景下，**乐观**意味着相信技术可以改进，并致力于通过实验、建模和调试等方式不断寻找更优的解决方案，以应对设计挑战。乐观也反映了一种积极的态度，即在每个挑战中都能找到机会。**合作**是指团队工作中所表现出的观点、意愿和能力，团队中所有成员的付出都是有价值的。**沟通**在技术与工程教育中可以从两方面来理解：一方面，沟通是一种工具，用以了解目标用户或群体的需求；另一方面，沟通是一种手段，用以解释和维护做出的设计选择。在界定问题、研究、撰写报告、分析、评估和创造解决方案中，沟通都有其用武之地。**关注伦理**是社会生活的核心。在技术与工程教育中，关注伦理是指关心技术产品、系统和流程对他人和环境带来的影响。学生在决策中应评估风险并权衡利弊。

技术与工程情境

第5章确定了技术与工程教育中常见的8类情境。这8类情境也可以被视为内容领域、应用场景或学科主题。《技术与工程素养标准》中的技术与工程情境描述了核心学科标准和基准的教学或应用场景。例如，美国中学阶段开设的机器人课程中可能有一个单元或活动，匹配于STEL 1Q：*开展研究，为满足特定需求和愿望的有意发明和创新提供信息*。这一基准可以在其他技术与工程课程中教授，甚至可以在其他学科的课堂中教授。该案例中，这个标准和基准被归类为技术与工程情境1：计算、自动化、人工智能和机器人。

每类技术与工程情境的内容都涵盖了情境描述、对该情境的概念理解，以及可能与该情境相关的教育环境概述。此外，还提供了一些简短的案例，以指导各年级段学生如何将第3章中的核心学科基准应用于课堂情境中。这些简短的案例旨在说明如何在一系列技术与工程通用课程中实施《技术与工程素养标准》。课程开发人员（包括ITEEA's STEM Center for Teaching and Learning™，ITEEA的STEM教学中心）和教师必须进一步开发实施模型，以将《技术与工程素养标准》转换为适用于不同教育环境的课程模式和教学材料。

8类技术与工程情境：

1. 计算、自动化、人工智能和机器人

2. 材料转换与加工

3. 运输与物流

4. 能源与动力

5. 信息与通信

6. 建筑环境

7. 医疗与卫生相关技术

8. 农业和生物技术

《技术与工程素养标准》的主要用户

可以预期的是，将会有各类团体和个人使用《技术与工程素养标准》。课程开发人员、教科书出版商和实验室设备开发人员可能是本书的首批用户。教师教育者在为未来技术与工程教师设计职前课程时应使用本书。本书也有助于教师认证机构开发技术与工程教师资格认证考试试题。归根结底，《技术与工程素养标准》的成功实施有赖于教师。

《技术与工程素养标准》的其他用户将包括教育行政管理人员、校长和其他管理人员、课程协调员、教学主管和督导，他们都参与规划、监督和实施基于标准的教育；专业组织和非政府组织，例如美国国家科学院、美国国家评估管理委员会（NAEP TEL：美国国家教育进步评估项目中的技术与工程素养评估）和经济合作与发展组织（OECD PISA：国际学生评估项目），在更新技术与工程素养评估时可能会参考本书。此外，家长可以熟悉本书，以便参与子女的教育，并强化子女对概念和过程的理解。在家学习儿童的家长也可以将《技术与工程素养标准》纳入教学中。

《技术与工程素养标准》的使用建议

参与课程开发、教学或评估的个人应考虑以下建议：

▶ 总体而言，《技术与工程素养标准》旨在描述一个全面的技术与工程素养框架。学生若要获得高水平的素养，则在高中毕业时应该达到所有标准的要求。

▶ 基准明确规定了学生应如何提高技术与工程素养水平，以及达到标准的学生应知应会些什么。

▶ 标准应该相互整合，而不是作为孤立的部分呈现。

▶ 各个年级的课程都应涉及《技术与工程素养标准》，尤其是在技术与工程实验室－教室中教学的课程。也可以根据情况，将《技术与工程素养标准》纳入其他学科领域（例如小学基础科学课）。教师应熟悉所任教年级的前后年级的标准。

▶ 在应用《技术与工程素养标准》时，应考虑国家、州/省和地方制订的其他技术与工程学习及相关领域的标准。

▶ 学校层面应开始为所有学生提供从学前至12年级的技术与工程课程。

《技术与工程素养标准》的实施依托于各种资源，包括辅助实验室－教室教师教学的材料、教科书和教学用品等。这些资源应无性别差异、符合学生的年龄特点、在内容上逐渐严谨和丰富，同时，应明确指定资源所适用的一个或多个年级段（学前至2年级、3~5年级、6~8年级和9~12年级），以最大限度地发挥资源的作用。这些资源应考虑由于技术与工程性质变化而带来的变更；应包括各种教学方法，并针对不同能力的学生实施差异化教学；应以增强和促进真实性学习的体验和活动为特色，包括基于问题的学习和基于设计的学习；应结合多种评估方法，以全面了解学生的进步情况。

《技术与工程素养标准》与STEM的协作

STEM这一缩写词并非指一个统一的内容领域。《技术与工程素养标准》的前提是认同"STEM"所建议的整合方法是一个重要方法，并认为它是人们发展功能性素养以应对社会迫切需求的必要途径。《技术与工程素养标准》进一步认识到，技术与工程对STEM至关重要，必须在《技术与工程素养标准》中得到更好的阐述。国际技术与工程教育协会（ITEEA）、生涯技术教育协会（Advance CTE）、国家数学督导协会（the Association of State Supervisors of Mathematics）和国家科学督导委员会（the Council of State Science Supervisors）共同撰写了《STEM^4：合作促进变革的力量》（STEM^4：The Power of Collaboration for Change）。它阐明了推动STEM教育发展的3个原则：

1. STEM教育应促进每一门独立的STEM学科的学习。这一原则表明，即使在整合性STEM学习中，也应允许学生完整地学习单一学科概念。每门学科在不改变内容基本结构、教学目标和教学严谨性的情况下，开展教学。

2. STEM教育应在各门STEM学科之间建立合乎逻辑且真实的联系。科学、技术、工程和数学学科之间存在着天然且紧密的联系。尤其是技术作为一种手段，强化了这些紧密联系，帮助学生创造性思考并解决真实场景中的问题。学生在应对设计挑战、参与实验体验和整体理解学科概念的任务时，需要综合运用这4门学科。

3. STEM教育应成为通往STEM职业的桥梁。学生对STEM的兴趣和信心，关乎他们进入高等教育后是否能在STEM领域取得成功。就业咨询应该是STEM教育的重要组成部分。例如，与行业专家进行有意义的互动以及参与STEM工作场所获得的真实经验，可以帮助学生联系学科内容，并激发他们对STEM相关领域的兴趣。

以下 8 项核心学科标准和 142 个基准是对所有学生在技术与工程教育中应掌握的知识和达到的能力的关键描述。

第 3 章

核心学科标准

3

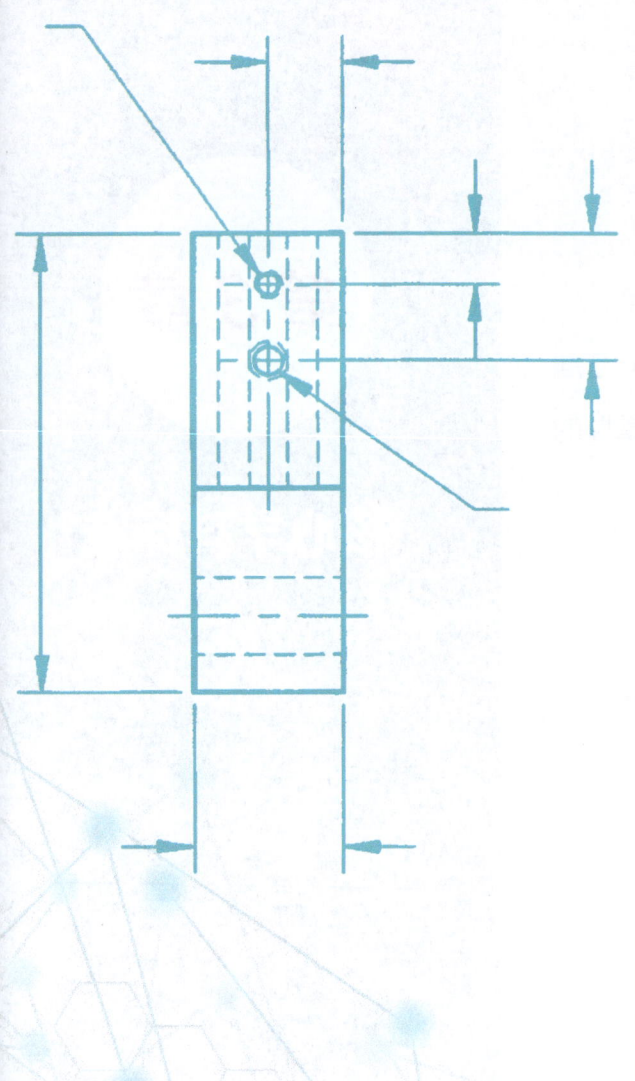

本章介绍的8项核心学科标准包括：

1. 技术与工程的性质和特征
2. 技术与工程的核心概念
3. 知识、技术和实践的融合
4. 技术的影响
5. 社会对技术发展的影响
6. 技术的历史
7. 技术与工程教育中的设计
8. 技术产品和系统的应用、维护和评估

每项标准的格式都遵循以下结构：

▶ 标准以句子的形式表达。

▶ 紧跟着的是对标准的用意和关键理念的叙述。关键理念以加粗的形式显示。

▶ 内容按年级段呈现：学前至2年级、3~5年级、6~8年级和9~12年级。每个年级段下面都有一段对该年级段标准的简短解释，并就如何在实验室－教室中实施该标准给出了建议。

▶ 每个年级段的概述后面都有一系列基准，详细说明了学生达到该标准必须具备的知识和能力。每个基准的描述都以一个与认知、情感或动作技能领域相关的主动动词开始（说明：翻译成中文后，个别句子中动词不在句首）。

《技术与工程素养标准》中的基准为标准提供了基本的内容要素。基准定义了学前至2年级、3~5年级、6~8年级和9~12年级各年级段的知识目标、技能目标和价值观目标。基准按数字-字母顺序(例如,STEL 1A、STEL 6B、STEL 7C)排列,并以粗体突出显示。基准后面所跟的一些叙述(非粗体),就关于如何实施基准以使学生达到标准提供了进一步的详细信息。

标准1:技术与工程的性质和特征

"*技术*"和"*工程*"这两个词具有许多含义和内涵,第1章给出了部分定义和解释。为了夯实技术与工程学习的基础,学生首先必须掌握技术与工程学科的性质和特征。对这些基本概念的理解可以扩展与延伸出和技术与工程素养相关的知识、技能和价值观。

以下3个关键理念阐明了技术与工程的性质和特征。随后所述的基准都与这些关键理念有关,并随着年级段的升高,越来越具体和复杂。第一个关键理念:**技术与工程学习需要了解自然世界和人工世界**。学生需要了解自然世界和人工世界的相似之处与不同之处,了解其中某一世界的变化会对另外一个或两个世界产生有意或无意的影响。学生对这一关键理念的深刻认识将引导他们理解一些高级概念,如模仿自然的设计(仿生设计)和可持续设计。

第二个关键理念:**作为人类活动的技术与工程学习是跨学科的**。科学、技术、工程和数学之间有很多联系,然而,每个学科又都在STEM教育中展现出独有的特点:

▶ *技术*指的是通过人工设计的产品、系统和流程来改造自然环境,以满足人类的需求和愿望。

▶ *工程*指的是在特定的约束条件下利用科学原理和数学推理进行技术优化,以满足一定标准的需求。

▶ *科学*包括对自然世界的调查和认识。

▶ *数学*使沟通和批判性分析成为可能,是我们使用数字和计算推理来认识人工世界和自然世界的方式。

技术与工程学习借鉴了人类经验中的知识、工具和流程。它既可以指获取知识的过程,也可以指创造技术产品和系统的过程。它可以非常广泛地用于产品、知识、人员、组织、法规，以及社会结构所构成的整个系统（例如，电网技术或互联网）。

尽管技术与工程具有一些独特之处，但其所使用的设计过程与其他学科中蕴含的发现过程和设计过程相似。

在科学教育中，"科学方法（scientific method）"一词历来用于描述科学家在探究自然界现象的因果关系时所遵循的一系列规定步骤的线性过程。对课堂科学探究更为准确的描述是，它为用以学生为中心的方法来研究自然界中的现象提供了一个平台。学生提出问题并开展科学探究，以验证他们提出的假设。这种方法不同于使用线性方式进行实验室调查的科学方法（有时称为"食谱"科学）。最新的科学教育研究和实践表明，科学探究和技术与工程的设计过程类似，并不是一个线性过程。部分科学探究已被重新定义为一个渐进过程，既能更准确地反映科学家在该领域的实践，又将技术与工程教育中所描述的设计过程要素包含其中。

在数学教育中，进行定量和抽象推理、建立系统模型、寻找模式和结构以及构建可行的论证等实践，使学生能够互相沟通和分析数学现象。此外，数学过程有利于学生互相沟通和分析现象，这些过程包括问题解决、推理和证明、沟通、联系和呈现。

在技术与工程教育中，设计过程长期以来被描述成一个迭代过程。在该过程中，学生以递归的方式设计、测试和重新设计，常常会产生各种可能的解决方案。

技术与工程设计模型通常会根据学生所处年级段和能力进行调整。这些模型描绘了一个蓝图，能够帮助学生整合不同学科的内容，解决与自然世界和人工世界有关的问题。然而，技术与工程教育不仅仅是设计，它还包括工具的使用、技术系统的开发和维护、技术创新，以及对技术发展的分析等。

第三个关键理念：**技术与工程学习包括理解、使用、评估和创造技术产品、系统以及思维方式的能力**。人们利用知识和创新改造了世界，为自身提供了必需品和便利。一个具有技术与工程素养的人能够理解技术与工程在日常生活中的重要性。纵观历史，人类采取了不同的形式改造自然世界。了解这些形式可以使我们更深刻地理解人类创新

学前至2年级

在学前至2年级这个阶段，学生开始理解人们使用技术与工程设计来改造自然世界，以满足自身的需求和愿望。他们也开始明白科学如何与自然世界相联系，以及技术如何与人工世界相联系，并能确定两者之间的差异。除了学习如何安全使用适合他们年龄的工具（剪刀、铅笔、直尺）、材料（塑料、木材、胶水）和流程（改进、创造、想象）外，学生还应该开始探索技术、科学、数学和工程是如何塑造这个世界的。儿童是天生的问题解决者，应提倡在其年幼时就开展技术、科学、数学和工程实践活动。

这个年级段的学生对自己生活的世界都有所了解，但是他们通常不知道所接触的技术的起源。例如，学生可能不了解吃的食物是如何种植、运输和加工的。通过学习建筑物、高速公路、电话和计算机等技术系统如何改变自然世界，学生开始理解技术对生活的巨大影响。

在理解技术与工程的性质和特征方面，学前至2年级的学生应该能够：

STEL 1A. 比较自然世界和人工世界。自然世界包括树木、植物、动物、河流、海洋、山脉，以及构成地球景观、生物群落和气候的其他物体。人工世界包括铅笔、尺子、计算机、建筑物、飞机、道路、冰箱、通信设备，以及为改善人类生活而开发的其他物品。

STEL 1B. 解释人们用来帮助自己做事的工具和技术。人们通过使用技术与工程改造自然世界，以满足自身的需求和愿望，并解决问题。在日常工作的各个方面，所有人都在使用技术与工程所创造的工具和流程。

STEL 1C. 证明任何人都可以创造。任何人都可以使用技术与工程工具及技术来设计或改进事物，以此改善生活。新知识的发现、新方法的提出和新发明的实现，既可以通过个人努力完成，也可以依靠团队协作达成，即便是幼儿也可以将自己视为创造者。

STEL 1D. 讨论科学家、工程师、技术专家，以及其他从事技术工作的人员的作用。如果没有许多拥有不同领域知识和技能的人员参与团队合作，技术进步就不会发生。学生若能认识到这些人员的独特贡献是技术与工程设计过程的必要组成部分，就会慢慢理解不同专业的人如何通过协作来完成产品或系统的设计、创造、构建和测试。对于这个年级段的学生而言，类比法是一个较好的学习方法。例如，他们可以理解一辆车是如何从经销商处购买，在服务中心由机修工维护，然后由家庭成员驾驶。所有这些人都与这辆车有关，但每个人与车辆的关联方式各有不同。

3~5年级

在这一年级段，技术与工程的学习应在先前学习的基础上，加强学生对有应用价值的技术的理解。随着学生对自然世界和人工世界有了更清晰的认识，他们将对技术、工程、数学和科学之间的关系产生新的认识。

当学生设计、开发或使用不同技术时，他们应该开始意识到过程中使用了不同流程和技术。教师应根据情况和需要，为学生提供各种体验的机会，以便学生更好地理解完成任务所需的最佳策略。

这个年级段的学生应该持续寻求应对技术挑战的解决方案。这些挑战应来源于他们对世界的理解——可以是当地社区，也可以是更广泛的全球社区。学生应该建立解决问题的联系，学会如何解决遇到的问题，应该知道通过技术与工程设计过程可以设计、构建和改进解决方案，以应对周围的挑战。

此外，3~5年级的学生应该探究人们对世界的看法是如何随着技术的进步而发展的。例如，学生可以探索媒体技术如何使大众能够看到来自全球各地的故事和新闻，交通运输系统如何使人们在几个小时内跨越一个国家成为可能，以及信息系统如何使人们可以几乎即时接收信息。

技术发展受经济和文化影响。随着新技术的出现和一些需求得到满足，人类的愿望也随之变化，新的想法和创新便会产生，如此循环往复。这种不断改进产品和系统的尝试意味着技术在不断变化。

在理解技术与工程的性质和特征方面，3~5年级的学生应该能够：

STEL 1E. 比较自然界中的事物与人造事物的不同，关注它们在生产和使用方式上的差异和相似之处。 例如，自然植物的生长离不开阳光（光合作用）、空气、水和养分，而人造物品的制造则需要想法、资源（如时间、资金、材料和机器）和技术。自然界中的事物，例如树木、鸟类和野生花卉，不需要人工干预；而人造物品的创造，如鞋子，则需要人类的努力和创新。

STEL 1F. 描述科学与技术之间的独特关系，以及自然世界如何促进人工世界的创新。 人们从一开始就在四处寻找可获得的材料和资源，并利用其来改善生活。原材料和资源被塑造成工具、系统和多种形式的能源，为人们提供能够满足需求或愿望的产品。能源被用来提供电力和热量，畜牧养殖和农作物种植则为人们提供了食物和衣物。直至今日，当人们使用原材料创造出满足自身需求或愿望的产品时，这些流程和其他过程仍在使用。

STEL 1G. 区分科学家、工程师、技术专家和其他人员在创造和维护技术系统中的作用。 科学家、工程师和技术专家所发挥的作用是相互联系的，但每个人都为每一项工作贡献了独特的专业知识。学生应该能够识别具有不同领域内容知识的个体如何为技术创造提供信息，以及这种合作为何如此重要。

STEL 1H. 通过安全地使用工具、材料和技能来设计解决方案。 人们使用适当的工具并利用一定的技能来完成工作（如，木匠用锤子建造房子，医生使用影像诊断设备为患者进行疾病诊断）。人们还使用金属、木材、布料和石料等资源来制造他们日常使用的物品。

STEL 1I. 解释经济、政治和文化因素如何影响问题解决方案的形成。 例如，社区内一群人的利益、愿望和财政资源都会影响该社区开发交通运输系统的类型。大城市的交通运输系统可能依赖于公共交通，而小城镇的交通运输系统则可能依赖于私家车。

6~8年级

这一年级段的学生将在技术与工程的范围内探索更多细节。从个人和课堂经验看，学生需要熟悉技术动态发展的特定方式，包括强调创造力对产品和系统开发的重要性。

创造发明或创新常常与满足人类的

需求或愿望密切相关，但在某些情况下，新事物的创造先于人类的需求。例如，20 世纪 40 年代中期，雷神技术公司的工程师珀西·斯宾塞（Percy Spencer）使用真空管对一个雷达项目进行了测试。实验过程中，他口袋里的糖果棒被融化了，这一出乎意料的结果促成了微波炉的发明。

为了实现创新，必须在创造新知识的背景下对问题进行批判性分析。这通常是通过研究与开发（research and development, R&D）来实现的。它是科学、数学和技术知识的实际应用，用于创造满足市场需求的、崭新的、改进的产品、流程和服务。例如，工程师和科学家得出的关于微处理器的知识，促进了现代计算机系统的发展。公司将大量的资源用于促进人们对事物是如何工作的全新理解，以期创造新的产品和系统，或改进已有的产品和系统。学生可以评估技术的商业应用，以及经济、政治和环境等因素如何影响技术的开发和应用。

在理解技术与工程的性质和特征方面，6~8 年级的学生应该能够：

STEL 1J. 开发创新的产品和系统，以解决问题，并根据个人或集体的需求和愿望拓展能力。例如，新闻中常常会报道像玛丽·埃琳娜·格里米特（Marie Elena Grimmett）这样的年轻创新者的故事。玛丽在 14 岁时开发了一套用可回收的塑料珠子来过滤有害抗生素的系统。这种抗生素常用于家畜治疗，存在于农村地区的供水系统中。发现问题是整个开发过程的重要步骤，问题往往源于学生在自己的生活或家庭成员的生活中发现的需求或愿望。

STEL 1K. 比较并对比科学、工程、数学和技术在技术系统开发中所做的贡献。达到该水平的学生可以辨别科学、工程、数学和技术（以及其他学科）领域对技术工具和系统进步的贡献。实现这一目标的方法之一是对特定技术进行案例研究，并进一步了解其发展历史。

STEL 1L. 解释技术与工程如何与创造力紧密联系，创造力既能激发有意创新，也能激发无意创新。创造力要求个体使用不同学科的知识和经验来创造新事物，或以新方式使用某物。许多发明是受能感知的需求和愿望启发的，如牙刷。有些发明则是以意想不到的方式出现。例如，斯蒂芬妮·克沃莱克（Stephanie Kwolek）在寻找轮胎钢丝绳的替代品时，无意中发明了凯芙拉（Kevlar）（一种合成纤维材料）。创造性地探索新想法常常是改进技术产品和系统的关键。

STEL 1M. 应用创造性的问题解决策略来改进现有设备、流程或开发新方法。 设计和问题解决被视为迭代过程，包括产生想法、制作或构建可能的解决方案、测试和重新设计。创造性的问题解决方案可以产生新见解，从而带来改进，如更高的效率、更好的性能、更小的环境影响等。例如，学习空气动力学的学生可能会对火箭模型的设计进行修改，使其更加精简和准确。

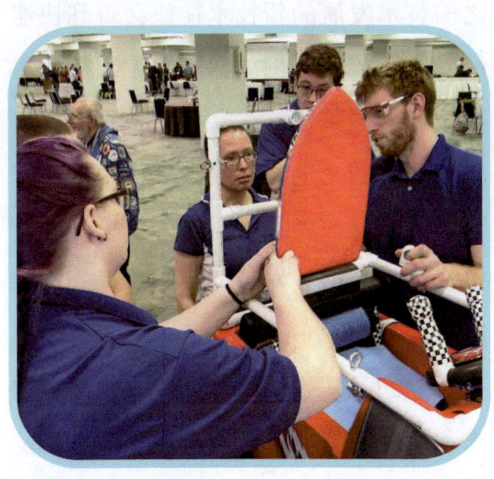

9~12年级

在9~12年级，学生将更广泛地认识到人类的创新和创造力在改进现有技术和开发新技术方面的重要性。他们还将继续发展更高阶的思维技能，例如分析、设计和批判。到毕业时，学生应该对技术、工程、数学和科学，以及其他学科之间的关系有深刻理解。这种认识包括明确地了解技术与工程是什么，并认识到它们各自有自己的知识领域和内容基础。

技术与工程错综复杂地交织在人类的好奇心中，并受人类能力、文化价值观、公共政策和环境制约等影响。学生需要认识到这些影响，并了解它们的相互影响是如何推动技术发展的。例如，耳罩的发明是应对严寒冬季的直接结果。切斯特·格林伍德（Chester Greenwood）是个小男孩，他的耳朵对寒冷特别敏感，于是，他决定发明一种新物品。他设计了一种特殊的装置，该装置由金属线环制成，周围包裹着黑色天鹅绒和海狸毛。邻居和朋友们对切斯特的发明很满意，他们也想要耳罩，由此，耳罩的需求便产生了。这种需求推动了耳罩于1872年获得专利。特殊的环境因素加上人类的创造力和其他能力，以及随之产生的需求决定了耳罩的成功发明。

新技术以可预期的和不可预期的方

式改变着我们周围的世界。技术的进步以之前的发展为基础,并带来更多的机会、挑战和发展,其复杂程度呈螺旋式上升。这些发展使现代社会与前两三代人所处的社会有很大的不同。

学生应该认识到,发明的产生既有有意的设计(如,人类登上月球),也有偶然的发现(如,便条纸和NASA衍生技术)。他们应该认识到,创新也可以是有计划和有目的的,例如改进爱迪生的灯泡,而一些创新则可能是在工作中意外产生,并朝着最初未曾预期的新方向发展。技术与工程设计,或是有目的地应用科学和技术知识加快了技术的发展速度,而物理、政治或文化环境的各种变化既可能加快,也可能减缓技术的发展速度。例如,冷战加速了军事和空间技术的发展。相反,受技术、政治和经济的影响,早期氢燃料电池汽车的发展热潮未能推动其在消费市场上得到广泛应用。

在理解技术与工程的性质和特征方面,9~12年级的学生应该能够:

STEL 1N. 解释周围的世界是如何引导技术发展和工程设计的。在特定背景下,经验交流将会促进技术得到更好的发展。例如,建筑设计应考虑当地条件,包括土壤类型、风荷载和雪荷载,还应与当地的建筑规范和建筑风格相匹配。

STEL 1O. 评估科学、数学、工程以及技术的知识和技能对产品或系统的设计所做贡献的异同。开发和改进产品或系统需要掌握科学、工程和技术专业知识。阐明每个学科的知识和技能如何在现在或未来对产品或系统做出贡献,是创新和设计的必要内容。

STEL 1P. 分析技术发展的速度并预测新技术在未来的传播和应用情况。发明和创新的发展速度受许多因素的影响,例如时间与资金的投入。许多基于之前技术发展的新技术往往会得到快速的发展和传播。例如,民用无人机技术的快速发展是建立在这些设备早期军事应用的基础之上。预测一项技术的未来需要考虑其在各种应用中的市场潜力,以及可能阻碍其发展的法律法规和文化因素。

STEL 1Q. 开展研究,为满足特定需求和愿望的有意发明和创新提供信息。多年的研究使得用于大气研究和其他应用的激光系统(LiDAR 或 LADAR)得以设计与开发。这种激光系统随后被修改并重新应用于激光血管成形术（如，通过手术修复动脉血管），以治疗动脉斑块的积聚。

STEL 1R. 制订一项计划，将科学、数学以及其他学科的知识整合到设计中或用于改进技术产品或系统。设计、维护和改进产品或系统通常需要专业的知识和技能。例如，植物学家可以诊断与农作物生长相关的问题，促使农业工程师设计一种能够更好地照料农作物的自动化系统；反过来，为了达到更高的效率，技术专家需要提供系统维护和反馈的信息。这些专家依靠协作来设计、维护和改进产品或系统。

标准2：技术与工程的核心概念

与其他知识分支一样，技术与工程也有很多核心概念。这些核心概念将其与其他学习领域区分开来，成为技术学习的基石。核心概念可以帮助学生理解设计的世界（the designed world），助力他们整合技术与工程的学习。

技术与工程的核心概念定义了技术的基本特征，应在任何机会和各种情境下将这些核心概念整合到技术与工程教育的课程中。下面将介绍7个技术与工程的核心概念，它们作为标准2的关键理念，在其他标准中具有普遍适用性，包括：

▶ **系统是一组相互关联的组件的集合，这些组件被共同设计以实现预期的目标。** 系统思维是指既能理解整体是如何由各部分组成的，也能理解各部分之间以及部分与整体之间是如何相互关联的。应在不同的环境中学习系统，包括进行简单的或复杂的系统设计、故障排除和系统操作。

▶ 所有技术活动都需要资源，这是完成工作所需的基本输入。**技术与工程的基本资源（或输入）包括工具和机器、材料、资本、资金、知识、能量、时间，以及最重要的人力。** 工具和机器等设备被设计出来，用于拓展和增强人的能力。材料根据不同的性质，可以分为天然材料（如木材、石料和黏土），合成材料（如有机玻璃、合成橡胶和塑料）和复合材料（为了改善性能而设计的材料，如胶合板和混凝土）。资本是有形资产，例如建筑物、设备，以及制造产品和系统所需的其他资产。资金用来购买材料、工具和其他所需物品。知识是解决技术与工程问题所需的信息。能量是物体做功的能力,所有技术系统都需要转换和使用能量。分配给所有技术活动的时间是有限的,因此,有效利用时间对技术活动至关重要。所有这些资源都很重要,但如果没有人力的参与,任何事情都无法被设计、加工或实施。

▶**制约条件是实现产品或系统的预期输出,并在产品或系统的开发过程中为设计人员进行限制和约束,提供准则和机会**。总的来说,制约条件可以被视为指导技术与工程活动的设计参数,其中可能包括安全需求、法律限制、可用资源、文化规范、时间和技术专长。

▶**权衡是指在多种性质(或制约条件)之间做出选择或交换**。例如,不管重量如何,都倾向于使用最好的材料以获得最大强度。这一决定可能需要设计师在成本或重量上进行权衡。为了满足既定要求,需要权衡以实现最优设计。顾名思义,权衡涉及妥协,因此无法实现每种需求的最优化结果。

▶**优化是设计或制造产品、流程或系统的一个过程或方法,它使产品、流程或系统发挥最佳功能并达到最佳效果**。从最初的想法到最终的产品或系统,整个创作过程应当包括优化。优化常常需要权衡。

▶**流程是用于产生输出的系统化的一系列行为**。刚开始,学生可能会反复试错或修补,随着学习的不断深入,学生需要学习更正式的技术与工程流程。设计是应用知识和创新技能开发产品的过程。建模的过程和在虚拟环境中建模一样,用于演示概念与验证构想和想法。维护是运用系统各部分或整体进行工作的过程,用于确保系统的正常运行,避免错误的发生。管理是计划、组织和控制技术的过程,用于控制资源,并确保技术过程有效和高效地运行。产品和系统评估是提出问题和检查事件,以发现更深层次的模式或问题的过程,其最终目标是改进流程或系统。

▶**控制是利用信息使系统按照预期方式运行的机制或活动**。家用恒温器就是一个用于调节室温的控制范例。控制可能并不总是成功或完美工作。了解反馈的功能,或利用有关系统的信息来调节其输入和功能,对于确定控制如何在各种系统中进行工作是非常重要的。

学前至2年级

早期教育阶段，学生将先对技术的核心概念有一个基本的理解，这有助于他们进一步了解这个学科。反复接触这些概念将使学生在概念间建立联系，并开始认识技术发展的模式。例如，他们可能会开始关注制热和冷却等系统的使用如何依赖资源和需求。

通过动手实践活动，学生将了解开展技术与工程活动所需的工具、材料、行为、安全事项和计划。此外，他们会发现，很多核心概念都与日常生活有关。例如，一个使用乐高（Lego®）组件搭建装置的儿童很快就会明白，达到预期结果需要制订计划。装置搭建得越复杂，花费的时间就越多，乐高组件的数量将会限制他们搭建物体的能力。包含控制元件的简单电子设备可以很好地解释反馈的概念。实验室-教室应为学生提供各种讨论、探索，以及应用核心概念的机会。

在理解技术与工程的核心概念方面，学前至2年级的学生应该能够：

STEL 2A. 举例说明系统包括哪些部分或组件，以及各部分或组件如何通过协同工作实现目标。例如，自行车可以被视为一个系统，它由车轮、车把、踏板、刹车、齿轮和链条等部分组成，每个部分对自行车的正常运行都很重要。

STEL 2B. 安全地使用工具来完成任务。很多工具都具有特定功能，选择合适的工具可以使任务变得更简单。人们使用工具来制作物品、实现预期结果，以及交流。例如，学生使用剪刀剪纸，用胶棒粘接不同的组件，用记号笔勾画想法，用计算机搜索信息。

STEL 2C. 解释选用某些材料是因为其具备理想的性能和特性。纸张、木材、布料、纸板和现成的物品是学生制作与设计物品时最常用的材料。在使用不同材料的过程中，他们通过观察和测试来了解哪些材料更适合给定的任务。

STEL 2D. 制订计划以完成任务。例如，学生应该知道，如果想完成类似于为父母设计并制作生日贺卡的任务，则必须拥有可用的材料，并且必须在生日之前准备好贺卡。

STEL 2E. 作为团队成员进行有效合作。为了以最有效的方式运作，团队成员必须学会作为一个整体进行沟通和工作。团队合作策略必须由教师提供模型，并作为一种预期目标在实验室-教室环境中提出。

3~5年级

在 3~5 年级这个阶段，教师需要重点强调系统、资源、制约条件和流程的概念。在这一年级段，学生将越来越熟悉技术的核心概念，这有助于他们更加全面地学习技术与工程相关知识和技能。例如，学生应该能够识别其所在社区的可用资源，包括家中的工具和机器、用来修建上下学道路和人行道的材料，以及使用新产品所需的信息。

学生应该有机会对技术系统进行分类，以便更轻松地进行技术探索。问题解决是该年级段学生进行数学、科学、技术和工程实践的另一项主要技能。在检查各种资源和流程时，学生可以通过使用先进的工具来拓展自身知识，从而发展额外的技能。无论是使用胶枪、手工工具，还是使用带有设计软件的计算机，学生都应认识到工具对于完成任务的重要性。

制约条件这一概念的引入为学生后期的学习奠定了基础，这有利于他们在升入更高年级后理解更为复杂的想法。这一阶段的学生应该开始理解决定一项

设计的参数，或者说理解产品是如何被开发和使用的，包括安全需求、限制想法发展的物理定律、可用资源，以及文化规范等。后续关于制约条件的讨论将与资源的使用以及技术与工程的其他核心概念联系起来。

在理解技术与工程的核心概念方面，3~5 年级的学生应该能够：

STEL 2F. 描述一个子系统如何作为另一个较大系统的组成部分而运行。 例如，房屋水管装置既是一个子系统，也是整个城镇、城市，以及社区中更大淡水分配系统的组成部分。

STEL 2G. 举例说明不完整的系统无法按照原设计工作。 例如，当计算机出现电源故障或电池被取出后，将无法

工作。

STEL 2H. 确定完成一项技术工作所需的资源，如人员、材料、资金、工具、机器、知识、能量和时间。例如，参与头脑奥林匹克（Odyssey of the Mind）竞赛类解决问题的活动时，小学生需要制订一份所需资源的清单，以便在裁判面前展示。资源的策略规划可能包括对背景、服装、道具、团队成员将扮演的角色及截止时间等的考虑。

STEL 2I. 描述不同材料的属性。学生应该了解天然材料与人造材料之间的区别以及各自的基本属性。例如，木材、石料、金属、玻璃和混凝土坚硬而密实；皮革、纸张和某些金属则比较柔韧；玻璃和一些塑料是透明的；某些材料能够导热和导电，而其他一些材料则是绝缘的，会阻止或延缓热能或电能的传播。材料的属性决定了其是否适用于既定用途。

STEL 2J. 演示工具和机器是如何拓展人类能力的，如握住、抬举、运载、加固、分离和计算等。工具和机器（如胶枪、迷你锯、尺子、剪刀、齿轮、夹具和计算机）的使用使得人们能够完成更多任务。

STEL 2K. 描述设计或制造产品或系统的制约条件。制约条件是指我们在设计时所使用的准则或预期结果。例如，由于材料成本或时间的限制，通常来说，产品不能以某种方式（如比预期更快的速度）制造出来。在作出有关设计和制造产品的决策时，需要考虑这些限制性条件。

STEL 2L. 创造一种可改善他人生活的新产品。发明是为了满足人类的需要或愿望而出现的。发明是人类试图改造自然世界的手段。识别各种帮助残障人士的产品（如 ITEEA 的"Dream Ride GoBabyGo Style"项目），是帮助学生发现需求并思考满足这些需求的创新方法的良好开端。

6~8年级

在低年级段中，学生对技术与工程的核心概念有了大致了解，现在他们可以更加深入地研究这些主题及其内在联系。技术开发与使用的很多方面都涉及系统、资源、制约条件、优化、权衡、流程和控制。理解这些核心思想将为概念的开发、应用和技术知识的转移奠定坚实基础。

3

学生应当继续探索和学习更多有关系统的具体内容，如系统可能具有很多子系统，具有多种形式。他们可以研究工作单元如何作为一个大型制造系统的子系统发挥作用。不论是简单系统，还是复杂系统，都在学生的生活中发挥着至关重要的作用。就像学生的内部器官无法脱离身体而发挥作用一样，技术系统的各个部分和子系统只有在完整的系统中才能正常工作。例如，如果控制交通信号灯的系统突然发生故障并导致交通信号灯失灵，则可能会造成重大交通拥堵，甚至交通事故，引发市民的愤怒情绪。

系统思维是该年级段学生应当掌握的核心思想。这种实践能力侧重于将整个系统作为一个整体进行分析和设计，而不是拆分成很多部分。学生应该学会通过考虑尽可能多的制约条件和权衡来整体看待问题。在进入该年级段之前，学生倾向于将精力集中在构成整体的各个组成部分上。这种关注重点的转变可能充满挑战，它要求学生通过思考"如果……会怎么样？"这类结果未知的选项，来扩展自己的思维。教师应该把这种技能作为未来更高年级段学生将要学习的内容的入门技能。

使用不同类型的技术和流程的经验可以帮助学生学习设备的工作原理，以及设备损坏或性能未达到设计要求时对其进行修复的方法。这些信息被用于确定故障原因、维护产品和系统，以及管理技术开发的各个方面。理解技术的各种流程，需要了解某个特定流程使用的情境和时间。因此，为了让学生体验权衡和反馈系统的作用，应该给予他们各种使用大量资源、工具、机器、材料和流程的机会。学生也需要学习如何确定产品、服务或系统是否符合设计要求的规格和偏差范围。

在理解技术与工程的核心概念方面，6~8年级的学生应该能够：

STEL 2M. 区分技术系统中的输入、处理、输出和反馈。 输入包含进入技术系统的资源。处理是将资源组合起来以产生输出的系统性行动序列，如编码、复制、设计、组装或传播。输出即结果，既可以产生正面影响，也可以产生负面影响。反馈用于监控系统的信息。系统通常包含这样一个组件，当反馈信息建议采取措施修复或完善系统时，该组件就允许修复和完善系统。例如，车辆的油表就是一种反馈系统，它提醒用户何时需要加油。

STEL 2N. 举例说明系统思维如何考虑各部分之间的关系，以及系统如何与其所处的环境进行交互。 系统有多种运行方式，存在于日常生活的各个方面，如通信系统和交通运输系统。分析系统既可以从系统的各个部分着手，也可以从整个系统及其与其他系统的相互作用或相关联系入手。例如，讨论计算机系统时，可能涉及一台计算机的特定部分，也可能包括整个计算机网络；讨论交通运输系统时，可能是列出某种交通工具的各个组成部分（如机场、飞机、空中交通管制、机场安保），也可能是比较两种不同类型的交通运输系统的综合属性（如车辆类型、能量输入、控制机制）。

STEL 2O. 创建一个没有反馈路径，且需要人工干预的开环系统。 房间里的电灯开关是开环系统的一个典型示例。电路系统没有反馈路径，需要有人拨动开关（输入），将电输送到灯泡（处理），才能使灯光照亮房间（输出）。

STEL 2P. 创建一个具有反馈路径，且不需要人工干预的闭环系统。 可以将系统设计为可自动控制的装置，既可以从系统接收信息，也可以根据反馈的内容采取措施。家用热水器是闭环系统的一个例子，热水器有一个可以提供反馈并按需进行自动调节的恒温器，它在需要打开和关闭时会自动调节系统。

STEL 2Q. 在设计过程之初预测未来产品或系统的结果。 细心的设计人员应在产品设计完成前考虑其可能的结果。学生应当通过设计、问题解决、构想和系统思考等方式不断拓展自己的思维，养成这种思维习惯。

STEL 2R. 比较不同技术如何涉及不同的流程。 例如，数据处理包括设计、汇总、存储、检索、复制、评估和交流信息，建设流程包括设计、开发、评估、制造和生产、营销以及管理。

STEL 2S. 解释与设计问题有关的决策。 通过要求学生在解决问题后进行交流，解释并维护各自的行为，分享各自的发现，可以培养其同理心、灵活的思维、责任感和元认知能力（即对自己思维过程的认识和理解）。为帮助学生养成技术与工程思维习惯，教师需要明确地进行模型展示和教学，并为学生提供演示其预期行为的机会。

9~12年级

当学生进入高年级段时,他们应该已经熟悉技术与工程的核心概念。在此年级段,学生可以开始分析这些概念如何在影响他们自身、社区和周围世界的问题上相互作用。学生应当能够详细探讨跨主题的话题,如资源如何实现可持续发展,以及资源如何与制约条件或优化相关联。学生应关注系统分析、系统稳定性和控制系统等概念。他们应该认识到,流程的顺序是可变的,新技术通常是在现有技术的基础上创造出来的。新技术的采用取决于众多因素,其中包括用户对新技术的接受程度以及技术的成本。某些技术经过使用和反馈后,发现无法权衡利弊,就会不再被继续使用。

学生的关注需要从技术发展对周围事物的影响,转向更广阔的全球视野。运用系统思维要求学生全方位审视问题,例如技术的准则、约束条件、正面和负面结果。运用系统思维有助于学生判断是否值得付出努力和花费成本去开发某个特定系统,以及需要权衡哪些因素才能确定最佳方案。通过探索地球资源的可持续性,可以了解如何在全球视角下审视资源。管理工作材料和资源是产品和系统商业应用成功的主要因素。管理不善将导致成本过高、质量低劣和效率低下,良好的管理则有助于确保流程和资源的有效运行。除了材料和空间的分配外,对时间的规划也影响着很多技术的使用。

学生应当知道,技术与工程流程并不总是按照线性顺序发生的。例如,在产品或系统投入生产和使用之前,会使用原型来评估设计的质量,原型的制作常被认为是设计过程的一部分。同样,学生需要明白,创新成果必须经过深思熟虑之后才能被推向市场。创新的产品一旦被设计出来,就必须对其进行测试,为将来的使用做好准备。由于一些制约条件(如资金、时间、需求和生产问题)的限制,并不是所有的技术都能走向市场。产品(或系统)的生命周期涵盖了从最初的概念形成到最终退出市场的整个过程。有些产品的生命周期很长,有些则可能很短。

学生需要花费更多的时间和精力来理解优化与权衡在技术开发中的重要性。应当为学生提供使用虚拟模型或数学建模的机会,这两者对于成功开发最佳设计至关重要。如果没有机会学习虚拟模型或数学建模，学生将不得不依靠个人经验和使用实物模型。他们需要认识到物理模型的局限性，以及物理模型使用时在调整上的局限性。同样，学生也需要反复权衡取舍。这种反复思考的过程存在于科学、经济学、商业，以及技术领域等众多人类参与努力的领域。

最后，关于控制的学习，既包括简单系统，也涵盖复杂系统。人体包括决定呼吸、循环和消化的控制系统。自然界中的系统比最先进的人工控制系统都更加复杂和精细。控制设备的可靠性、反馈和基本功能决定了其效率和效益。因此，学生需要接触一系列专注于设计和使用控制系统的经历和活动。

在理解技术与工程的核心概念方面，9~12年级的学生应该能够：

STEL 2T. 演示概念、图形、虚拟、数学和实物模型的使用方法，以在整个系统开发之前识别冲突性因素并辅助设计决策。系统思维将批判性思维和创造力与已知的折中方案结合起来，用于解决复杂的现实生活问题。

STEL 2U. 诊断嵌入在更庞大的技术系统、社会系统或环境系统中的有缺陷的系统。系统由各组成部分（即子系统）构成。食物处理机是食物制备系统中的一个组成部分，而食物制备系统同时又是家庭系统的一个组成部分。对有缺陷的系统或产品进行故障排查，能够使学生确定可能需要改进的地方。例如，参加学校回收项目的学生和工作人员比例很低，此时，研究该项目（系统）的组成部分将帮助学生找到改进的方法。

STEL 2V. 分析一个技术系统的稳定性，以及该系统是如何受到所有组件影响的（尤其是反馈路径中的组件）。例如，车辆的自动控制系统可以自动检测和控制车辆的速度。

STEL 2W. 在解决问题时，根据可获得性、成本、期望值和损耗等竞争性价值进行权衡与资源选择。技术发展决定了哪些资源可以被使用，以及哪些资源应该被使用。例如，由于选择的材料、装置，以及施工方法的不同，有些房屋非常节能，而有些则非常耗能。

STEL 2X. 举例说明产品或系统的准则和约束条件，以及它们如何影响最终设计。有时，制约条件仅指约束条件或准则，有时两者兼而有之。在设计中考虑和管理这些制约条件是必不可少的。例如，在"最后一英里"的配送系统中，网上零售商不得不同时考虑快速送货上门的承诺（准则）和配送中心位置的限制（约束条件）。

STEL 2Y. 将质量控制作为一个计划流程来实施，以确保产品、服务或系统符合既定准则。质量控制关注的是产品、服务或系统符合设计要求的规格和偏差的程度。例如，为帮助公司系统地提高产品和运营质量，建立了一套严格的国际标准。作为消费者，我们依赖于所购产品制造过程中的质量控制，并以此作为维护自身权益的一种方式。

STEL 2Z. 运用管理流程来计划、组织和控制工作。管理有时被定义为通过他人来完成工作。团队合作、责任心和人际关系在技术产品的开发和生产中发挥着重要作用。管理流程用于监督和指导这些功能的发挥。

标准3：知识、技术和实践的融合

很多来自不同内容领域的想法和工作流程都可能相互联系。新产品和新系统一般都是建立在先前的发明和创新基础之上，这说明了在一种环境中获取的知识是如何应用于另一种环境的。例如，了解如何大规模生产在研发实验室中开发的生物产品对于建立生物技术公司至关重要。生物技术行业已经意识到，在实验室设计产品与为客户批量生产产品之间存在巨大差异。越来越多的证据显示，研究解决与生物过程相关的各种生产问题是非常重要的。

以下3个关键理念阐明了知识、技术和实践的融合。随后所述的基准都与这些关键理念有关，并随着年级段的升高，越来越具体和复杂。第一个关键理念：**技术与工程是跨学科的，涉及多个内容领域**。人们通常不会意识到技术与工程和其他内容领域之间的相互联系，或者认为这种联系是理所当然的。技术在我们的生活中无处不在，甚至难以察觉。多年来，技术进步通过改变人类生活、工作和娱乐方式的创新发明，来帮助人类和各类组织，并引领人类进入全新的研究领域。有效的技术与工程教育通过整合跨学科内容和实践来促进学生跨学科思维的发展，这是成功的技术开发所必需的。

第二个关键理念：**技术与工程会影响其他领域的技术转移，也会受其他领域技术转移的影响。**科学、工程和技术各有特点，但彼此紧密相连。科学提供有关自然世界的知识，这些知识是当今大多数技术产品的基础。反过来，技术与工程为科学提供了探索世界所需的工具。这三者有很多相似之处，例如，它们都制订了一套成文的规则，都依赖科学理论的验证，都需要技术与工程设计的检验。它们之间的根本区别在于，科学试图理解已经存在的宇宙，而技术与工程则预测需求和机会，并运用知识和创造力来开发解决方案。

数学和技术之间也有类似的关系。数学提供了一种表达科学与技术之间关系的语言，并为科学家和工程师提供了有利的分析工具。数学实践与过程处理帮助学生分析数据，从而做出明智的选择。诸如计算机之类的技术创新可以促进数学的发展，而像数值分析理论这类数学发明则可以推动技术的进步。

第三个关键理念：**技术与工程的知识和实践会不断进步，这种进步是由其他领域推动的。**所有的学习领域都是通过思维方式与技术建立联系，而不仅仅依赖于产品和系统。桥梁、水坝和建筑的设计者经常受艺术形式和自然形态（例如美学）的影响。反过来，技术通过提供新功能、发明新方法等方式，深刻地影响着人文学科活动。例如，合成器和计算机辅助了音乐的创作和演奏，计算机数据库彻底改变了社会科学领域的研究，基因工程和互联网等技术进步改变了我们对专利和版权等知识产权的看法。

学前至2年级

当学生能够将课堂上获得的知识与他们的日常经验联系起来时，学习将变得更加有意义。技术与工程学习有助于建立这种联系。当学生在教育初期建立了这些联系时，他们将逐渐理解技术如何影响自己的日常生活。

由于技术与工程学习与学前至2年级其他领域的课程具有很多联系，因此，在儿童早期发展阶段引入技术与工程学习尤为重要。教师可以多多关注技术与工程和其他课程领域（如科学、数学、社会研究、语言艺术、健康、体育、音乐和视觉艺术）之间的融合点。

讲解儿童文学中丰富且有关联的故事与话题，为学生了解各种课程主题之间的联系提供了一种行之有效的方法。在课堂上阅读故事时，学生可以使用视觉图片或影像、绘图或图表来考察和描述可能存在的设计。他们可以使用不同材料或软件复制这些设计，并分析哪些最易于使用，哪些最符合要求，以及哪些具有最好的效果。课堂上关于该故事的讨论可以为学生在科学、技术、工程、数学和其他内容领域之间建立联系提供机会。通过对结构的分析，学生可以了解材料属性、施工技术和测量等不同的概念。

通过参与这种类型的活动，学前至2年级的学生将有机会探索、发现、解决问题，并在技术与工程和其他学习领域之间建立起联系，这些是学习和理解技术与工程对社会和文化的价值的重要组成部分。通过对这些内容领域的综合探究，学生将构建一个全面的知识基础。

在融合知识、技术和实践能力方面，学前至2年级的学生应该能够：

STEL 3A. **将技术与工程活动中的概念和技能应用于多个内容领域，以强化跨学科的概念和技能**。这个阶段的孩子可以借助积木，通过学习设计、测量和结构概念来发展计算能力和批判性思维能力；可以有意识地将体育课上学到的技能（如团队合作）进行转化，用于解决问题；可以将美术课上学到的绘画技能用于引导其对设计和视觉吸引力进行全新思考。

STEL 3B. **在技术和人类经验之间建立联系**。学生通过童谣和游戏来学习数数。儿童读物通常包括插图，有的读物甚至是有声的。教师可以引导学生从生活、旅行或其他经历中发现技术，以此帮助他们理解技术在生活中的作用。

3~5年级

3~5 年级的学生将理解技术与工程和其他内容领域之间的关系。在探索事物如何运作、技术如何影响新产品和服务开发的过程中，学生会建立自信。新产品和新机器的开发通常会涉及多个领域。机械零件，如弹簧、车轮、皮带、齿轮和杠杆，可以结合在一起，生产出更复杂的机器和系统（如过山车）。

尽管技术是一项有其自身内容和历史的人类事业，但它与其他研究领域还是相互依存的。通过创建强调相互依存关系的安全实验室-教室环境，教师可以为学生提供更多的机会，让他们将一门学科中的思考自然地运用于另外一门学科。例如，火箭和太空令很多学生为之着迷，这为教师提供了一个自然的机会——将多个学科领域集中在一起。学生首先可以在科学课上学习月球表面和月球运动。接着，他们可以回顾火箭的发展历程和太空探索史。然后，学生可以设计一枚火箭，并制作一个模型来测试他们的设计。他们可以运用之前在数学课中学到的估算技能来确定火箭可以飞多远。最后，他们可以写一篇创意文章，描述宇航员在太空旅行的情境。通过在课堂上经历的这些练习，学生将更透彻地理解所学概念和原理。

在融合知识、技术和实践能力方面，3~5 年级的学生应该能够：

STEL 3C. 演示如何将简单技术组合成更复杂的系统。 学生可以用电线、电动机和电源（电池）组装一个小型机器人来演示简单的电路；自动扶梯是另一个示例，它使用轮子和轮轴、斜面、滑轮、齿轮、皮带和电动机，将人从一层移动到另一层。

STEL 3D. 解释技术与工程和其他内容领域之间存在的各种关系。 学生可以学习如何将风能转化为发动机的能量，或者将橙子和葡萄柚等酸性水果的化学能转化为 LED 灯的电能。这类项目利用数学、科学和其他领域的信息来加深学生对技术与工程产品和系统的理解。

6~8年级

通过学习技术与工程，6~8 年级的学生开始去寻找那个悬而未决的答案："我什么时候才能用到这些知识？"这一年级段的技术与工程学习帮助学生认识到技术与工程中不同主题之间的关系，在跨学科领域间建立联系，并在结构化

3

的环境中整合想法和概念。

学生需要很多机会来探索技术理念、流程、产品和系统之间是如何相互联系的。例如，在医疗保健系统中，监测心跳、血压和呼吸的技术设备只有依赖其他技术设备、软件和硬件，才能正常运行。如果一个系统的某一部分无法正常运行，则整个系统也可能会发生故障，甚至崩溃。

教师应鼓励学生在技术与工程学习和其他内容领域之间寻找联系。例如，在社会学课堂中学习关于古罗马历史的主题单元时，学生可以学习到古罗马人在征服战争中所使用的工具，包括弹射器和投石机。在技术与工程课堂上，学生可以使用古罗马帝国依托扭绞绳索产生动力进行弹射的原理来设计和制作这些工具；为了根据收集的数据确定最佳设计方案，可以对弹射器和投石机的性能进行数学分析。学生应该理解，从一个领域中获得的知识可以应用于另一个领域，这可以引导他们探索各种职业。这些经历将使6~8年级的学生通过理解各个部分如何协同工作以形成整体，来发展系统思维。

在融合知识、技术和实践能力方面，

6~8年级的学生应该能够：

STEL 3E. 分析不同的技术系统如何与经济、环境和社会系统相互作用。例如，送货车中的导航系统使用传感器向配送中心提供信息，并在商品抵达时向顾客发送通知，如果包裹被送到了错误的地址，GPS数据可以准确地指出包裹实际送达的位置。

STEL 3F. 将针对某一种情境开发的产品、系统或流程应用于另一种情境。技术转移是人们为了满足需求和愿望而进行的一种创造性行为。例如，源自生物学实验室的自动泵，原本是为"海盗号"火星探测器设计的，这种泵经过改造后，可用于输送胰岛素，为患者提供了一种自动调节血糖的方式。

STEL 3G. 解释从其他内容领域获得的知识如何影响技术产品和系统的开发。例如，学生在设计和呈现技术产品和系统示例时，会使用在美术课上学到的技能。学习技术与工程的历史为人们提供了一种从过去的挑战和成功中学习的途径。

9~12年级

在9~12年级，学生将在现有的技术

与工程知识基础上，更加深入地了解技术与工程和其他内容领域之间的融合和联系。学生将了解技术发展和社会利益是相互依存的，在设计技术时，经济、科学、政治和其他因素与技术因素同样重要。

技术转移指一种产品或材料有着不同于设计初衷的用途。例如，为挽救生命，用于制造直升机螺旋桨的材料被用于生产可植入动脉的医疗设备。这样的技术转移有助于激发更多的创新，并会产生巨大的经济效益。

科学、数学、语言艺术、卫生相关领域、美术和表演艺术，以及社会研究等都和技术与工程有着直接联系。这些内容领域的教师可以使用工具、人工制品、资源、仿真系统和计算机模型，来更好地解释所教授的知识或概念。同样，在实验室学习技术与工程的学生也可以使用其他领域的内容。

在融合知识、技术和实践能力方面，9~12年级的学生应该能够：

STEL 3H. 分析技术转移是如何在用户将现有创新应用于其他目的时产生的。 例如，将航空航天复合材料用于设计先进、轻便且易于操作的轮椅。

STEL 3I. 评价技术如何通过全球化的过程增加新产品和服务的机会。 很多发展中国家在采用蜂窝通信技术时跳过了固定电话的发展阶段，蜂窝通信技术不仅用于通信，还用于完成各种其他任务，如银行业务。此概念被称为后发优势。

STEL 3J. 将技术进步与其他知识领域的进步联系起来，反之亦然。 例如，云数据存储辅助了物理设备的相互连接，即物联网（IoT）。这一技术进步使数学、经济、医学和其他领域的应用实现实时的数据收集、分析和生产成为可能。计算机处理器加速了统计分析的速度，快速的统计分析推动着技术创新。

标准4：技术的影响

人类生活在技术世界中。随着时间的流逝，人类创造的技术产品和工程系统变得越来越复杂，功能越来越强大，且无处不在。技术影响着我们生活的方方面面，例如住所、饮食、旅行方式，以及交流方式。人们普遍认为，工程与技术对社会和环境的很多影响是令人满意的，但也有一些影响被认为是不尽如人意的。技术与工程的发展使少部分人

3 和群体控制和使用着世界上的大部分资源，从而扩大了人类社会的不平等。随着技术变革的步伐不断加快，人们开始质疑政治规范和社会规范能否有效跟上技术变革的步伐。

以下4个同等重要的关键理念为学生理解并掌握技术与工程的影响奠定了基础。随后所述的基准都与这些关键理念有关，并随着年级段的升高，越来越具体和复杂。第一个关键理念：**技术与工程对社会和环境既有正面影响，也有负面影响**。这些正面影响和负面影响通常是同时发生的，换言之，没有一种技术是完全有益或完全有害的。此外，对一个群体有益或在某种情况下发挥了积极作用的技术，可能对其他群体不利或在另一种情况下产生消极作用（或积极作用较小）。例如，密西西比河沿岸的许多社区都建造了永久性防洪墙，以使城镇免遭灾难性洪水的侵袭；但与此同时，对于缺乏此类防洪墙的下游地区的社区来说，上游地区的防洪墙将加剧下游地区的洪涝灾害。

第二个关键理念：**技术与工程决策包含对成本、效益和权衡的考虑**。公民个人需要能够就此类技术的开发和使用做出负责任的、明智的决策。每项技术既关乎成本又关乎效益（经济的、社会的与环境的）。认真考虑成本和效益后，才可以确定在技术的最终设计中需要考虑哪些权衡因素，并确定其优先次序。例如，信息化在许多领域提高了工人的生产效率，但这些系统成本高昂，需要经常进行升级或更换，并且需要对员工进行专门培训。在社会层面，网络计算重新定义了工作文化，模糊了工作时间与休闲时间的界限。

第三个关键理念：**若要负责任地创造和使用技术，就要合理利用可再生和不可再生资源，以及合理处理废弃物**。可持续发展指以增强社区凝聚力和提高生活质量的方式利用自然资源和人力资源，以实现更公平的资源分配，并确保资源可供后代使用。为了实现可持续发展，必须将这些目标纳入技术与工程的决策中。例如，不断增长的交通运输需求引发了关于资源分配和资源公平的争论，包括主要燃料的类型、优先选择的交通运输方式，以及配套基础设施情况。

第四个关键理念：**技术的使用可能对个人、人类文化和环境造成根本性的变化**。这些变化可能会改变人类的生理结构和行为方式，还可能以不可预见以及意想不到的方式破坏当前文化。此外，技术的使用已带来了重大的环境变化，但由于生态环境系统的复杂性，这些变化可能很难预测。例如，农业机械化和化肥的使用导致农场对工人的需求量急剧减少，进而导致城市化进程加快、工作方式发生变革，以及农村地区人口流失。从环境的角度看，尽管化肥的使用提高了粮食产量，但它造成了土壤污染和水污染等生态问题。

学前至2年级

学生在上学之前就已经接触了各种技术产品。家用电器、玩具、移动电话、计算机，以及各种形式的交通工具对他们来说很常见。随着对周围更广阔世界的持续探索，学生开始关注并意识到除周围环境和个人生活之外的世界。这种体验为他们顺其自然地开始学习技术提供了机会，即促使他们思考日常生活中常见的技术产品是如何使用的，以及自己与这些技术产品的互动如何影响周围更广阔的世界。

使学生意识到技术无处不在且技术与每个人的生活息息相关，将为他们未来探索技术与工程的影响奠定基础。通过引导性地讨论、观察和活动，学生可以了解生活中的其他技术形式，这些技术是如何被使用的，以及是怎么使之有效的。学生应该开始了解，技术对社会和环境既有利也有弊。鼓励学生关注技术使用的正面影响和负面影响，有助于培养他们的批判性思维能力，该项能力对未来的技术决策非常重要。例如，学生可以探索各种材料和产品，以确定它们能否被再利用或回收。如果得出结论，一件物品可以被再利用，他们就可以开动脑筋想办法，并设计一些方案来再利用。如果得出结论，一件物品无法被再利用或回收，他们就会讨论另外的方案，以减少使用该物品产生的废弃物。此类活动有助于学生理解可持续使用材料的重要性。年龄较小的孩子一般对环境都十分关心，并会经常积极参加学校废弃物的回收活动。

除了探讨技术的正面影响和负面影响外，学生还应探索技术使用是如何影响并改变日常生活的。他们可以调查日常生活中人们是如何使用技术来完成任务的。例如，学生可以通过探索各种书写工具（如大号铅笔、普通铅笔、记号笔、触摸屏上的手指）所使用的材料以及维护这些材料所产生的废弃物（如削铅笔）来研究不同的书写工具。此类活动将使学生认识到技术对大多数日常任务都很重要，可以使用各种技术来满足同一需求，以及不同技术的使用是如何影响他人和环境的。

在理解技术的影响方面，学前至2年级的学生应该能够：

STEL 4A. **解释技术如何帮助完成日常任务。** 学生应能识别经常参与的活动，并描述不同技术是如何帮助其更轻松完成任务的。将早期社会的生活方式与自己现在的生活方式进行对比，能为他们提供丰富的例子。

STEL 4B. **举例说明技术的有益影响和有害影响。** 学生可以考察一种熟悉的技术，并说明它是如何既有益又有害的。例如，蜡笔可用于创造性绘画，但也可被孩子用来在卧室墙壁上胡乱涂鸦。

STEL 4C. **比较简单技术以评估其影响。** 给定一个基本任务后，学生可以决定使用什么工具来完成任务。例如，当活动结束打扫教室时，他们可以选择不同的工具来清扫地板、桌面或墙壁。

STEL 4D. **在日常生活中，选择减少使用、重复利用和回收再利用资源的方法。** 学生可以举例说明他们在学校或家中处理废弃物的方式。

STEL 4E. **设计可以改善日常生活的新技术。** 学生可以集思广益，提出需求和愿望，并设计可能的解决方案。教师和父母可以向孩子提问："如果……会怎样？"例如，"如果你和你的朋友可以在学校操场上建造一些物品来丰富课间娱乐活动，你会建造什么？"

3~5年级

3~5年级的学生渴望了解周围的世界——事情是如何运作的或者为何以这样的方式运作？他们会提出这样的问题：飞机为什么能飞行？飞机是如何被制造

的？古代，人们如何测量物体长度？自动扶梯和电梯是如何工作的？他们需要通过时间和实践经历来了解技术与工程如何影响和改变他们的生活方式。要给学生提供这样的机会，让他们去探索、发现问题和利用资源。有了这种锻炼机会，他们就会自己去寻找技术问题的答案，这反过来也会促使他们提出更多的问题。在探索和建立技术与生活方式的联系的过程中，学生会建立起一种认知基础，这一基础将帮助他们解决问题并理解技术的影响。

3~5年级的学生能够思考诸如交通运输、土地使用、污染控制、通信，以及技术等议题；教师可以要求学生分析做出决策的方式和原因，以及技术的使用如何产生预期结果和意想不到的后果。例如，他们可以调查设计不良或建造不当的垃圾填埋场如何污染周围土壤、水源和空气。学生将从这些案例中明白，做出明智的决策需要兼顾技术开发的成本和效益。对于学生来说，现在了解技术如何影响他们的生活以及他们如何影响技术并不算早。

对于3~5年级的学生来说，提出技术如何以正面方式和负面方式影响人类和环境的有关问题是很重要的。应该为学生研究技术对生活方式的影响提供机会。例如，比较不同的上学方式（如搭乘校车、步行、骑自行车、乘坐小汽车）将使学生探索不同技术选择对生活的影响。

在理解技术的影响方面，3~5年级的学生应该能够：

STEL 4F. 描述技术的有益影响和有害影响。学生可以开始更全面地探索技术所固有的预期结果、非预期结果、正面结果和负面结果的理念。这个年龄段的学生将学习技术如何影响他们的生活，以及技术过程如何产生有害废弃物和排放物。

STEL 4G. 判断技术，以确定用于完成给定任务或满足需求的最优技术。通过了解各种适龄的工具/技术的功能和用途，学生可以确定最适合完成给定任务的工具，并对其选择作出解释。

STEL 4H. 将用于创造技术的资源归为可再生资源或不可再生资源。对物质资源及其回收方式的介绍将帮助学生理解可再生性的概念及其重要性，并帮助他们将其与科学课上学习的概念联系起来。

STEL 4I. 解释为什么负责任地使用技术需要对资源进行可持续管理。基于对物质资源的初步理解，学生可以将可再生性、稀缺性和资源需求的概念与可持续利用联系起来。可持续利用是指资源可供子孙后代使用。

STEL 4J. 预测给定技术的缺失将给日常生活的某些方面带来哪些不同。飞机、计算机、现代农业、卫生设施等现代技术出现之前的日常生活的案例，将使学生有机会思考技术是如何影响生活的。

6~8年级

中年级段学生可以探索技术中更广泛的问题，包括技术对文化、社会、经济、政治和环境的影响。他们对技术如何影响自己和他人的生活更感兴趣。这个阶段的学生应该开始更批判性地思考技术的不同影响。为了成为一名明智的决策者，学生应学会如何客观地看待赞成和反对某项技术的理由。他们可以研究技术如何以正面和负面的方式影响社会和环境。

学生可以探索废弃的产品是怎样被回收、再利用或重新制成一种新的产品的。通过追踪产品的生命周期，学生将能够发现技术决策的影响。例如，开发一次性塑料制品（如水瓶、餐具、包装盒）是为了满足方便和廉价的需求。然而，这种发展也导致了意想不到的后果，包括食物链中出现了微塑料，以及固体废弃物管理问题变得日益严重。

此外，应给予中年级段学生运用批判性思维来开发替代性策略的机会，以减少技术决策的负面结果。例如，某些地区缺乏新鲜、健康的食物，并出现了粮食短缺。针对这种情况，学生首先应该调查与粮食短缺相关的因素，然后想办法找到替代性解决方案（如增加交通运输方式以运送和获取食物，开发房屋后院或社区花园以种植粮食）。

在理解技术的影响方面，6~8年级的学生应该能够：

STEL 4K. 考察技术可以同时产生正面影响和负面影响的方式。技术的形式和功能取决于开发技术时考虑的准则。即使是有益且意图良好的解决方案也会产生负面影响。例如，抽水马桶改善了健康与卫生状况，但与此同时，也消耗了大量能源，还产生了对淡水水处理技术的需求。这类例子为学生思考设计准则的重要性提供了机会。

STEL 4L. **分析技术的创造和使用是如何消耗可再生资源和不可再生资源，并产生废弃物的。**学生对物质资源的了解以及他们对可持续资源利用的日益了解，将为其学习获取资源的方式（如收割、采矿及钻探）以及了解此类活动的副产品提供机会。

STEL 4M. **制订策略，以减少、再利用和回收因技术创造和使用而产生的废弃物。**根据给定的学生家庭或社区的具体例子，中年级段学生应能考虑各种选择，以尽可能减少或管理资源的使用（浪费），并选择或设计减少浪费的实用策略。

STEL 4N. **分析改变人们思维方式、合作方式和沟通方式的技术范例。**这一年龄段的学生应能识别并讨论导致人类行为发生根本变化的具体技术范例。典型的例子包括社交媒体和智能手机，应鼓励学生更深入地研究和寻找相对"冷门"的技术。

STEL 4O. **思考如果选择了不同的技术解决方案，可能会产生哪些其他结果（个人的、文化的和/或环境的）。**技术开发通常从分析需求或愿望而确定的一系列准则开始。通过具体的技术范例，学生可以研究技术使用的正面结果和负面结果，并思考如果把重点放在不同的设计准则上，这些结果将发生怎样的改变。

9~12年级

高中生正在学习更多的学科知识，具备更深入地思考技术如何影响社会和环境等问题的潜能。他们可以跳出所处的环境去理解世界，能综合多学科信息，从而最大程度地将自身经验与社会联系起来。基于此，学生将认识到，技术带来的变化通常受改善生活的渴望所驱动，但这种理想并不总是能够实现。某些产品和系统的产生是因为新技术知识或技术的出现，而不是因为当前的需求。

学生可以探究新兴技术并发展相关技能，以便以系统、客观和符合伦理的方式评估这些新兴技术的潜在影响。他们应该学会在质疑的基础上进行推理，并做出明智的决策。这样做的目的是利用知识和思维习惯来武装学生，使其能够观察技术的影响，并论证他们关于技术对自身和社会的价值的结论。例如，学生可以研究通信设备如何决定（或改变）人与人之间的联系方式，可以探讨由此产生的持续的、几乎即时的通信技术所产生的更大的社会影响。为增加消费者需求，手机制造商采取了推送式营销的方法，需求增加后，资源消耗也变大了，学生可以评估这种资源消耗对环境的影响。

另外，高中生可以利用各种知识更全面地了解技术对更广泛问题（如社会公正、公平和可持续发展）的影响。例如，医疗技术的进步可以通过模糊人与机器界限的方式来增强人的能力（如人工耳蜗植入术、与人体神经系统融合的假肢、将计算机芯片植入大脑）。这符合人类的期待吗？

在理解技术的影响方面，9~12年级的学生应该能够：

STEL 4P. **评估技术影响个人、社会和环境的方式**。当被要求评估给定的技术时，学生可以使用多种方法和资源，包括技术评估、成本-效益分析、风险评估、环境影响分析和案例研究等。通过应用这些评估技术，学生可以分析资源与技术之间的关系，以促进可持续发展工作。在此过程中，学生应了解全面评估技术的重要性。

STEL 4Q. **评判现有的技术或拟议的技术能否以可持续的方式利用资源**。通过应用上述评估工具，学生可以研究如何改进用于创建和操作给定技术的资源，以提高技术的可持续性。例如，他们可以评估当前往返学校所用的交通方式，并设计减少燃料使用的方法。这些策略可能包括通过安装遮风挡雨的自行车车架来促进人们骑自行车，重新安排车辆路线以避免乘客长时间等待，调整校车运行时间表以提高效率等。

STEL 4R. **评估为实现目标而尽量减少资源使用和由此产生的浪费的技术**。通过关注一个"棘手问题"（复杂问题，具有多种可能解决方案并需要考虑各方面因素的问题），学生可能会面临挑战，要经历问题发现/定义、研究和设计的过程，以找到对社会和环境更有利的技术解决方案。

STEL 4S. **为某个技术问题制订一项解决方案，使其对环境和社会的负面影响最小**。学生可能会面临这样的挑战，通过明确问题、分析、调查和设计，来找到能够改善人们生活条件或提高个人或团体成员福祉的技术解决方案。

STEL 4T. **评估技术如何改变人类的**

健康和能力。评估工具可用于考察现有的技术或拟议的技术，以评估其对人类的正面影响和负面影响。例如，CRISPR-Cas9基因编辑技术是一种用于修复人类遗传物质，以降低遗传病风险的工具。与此同时，该技术在人体的应用存在医学和伦理上的隐患。

标准5：社会对技术发展的影响

社会影响着技术的发展。社会以共同的元素（如共同的价值观、不同的角色分工、文化规范）和实体（如社区机构、组织、企业）为特征。为了理解社会对技术变革的巨大影响，人们需要分析技术与工程的历史发展和当代进步，这是一个不断融合和变化的过程。教育、交通运输、通信、农业以及其他与人类生存有关领域的变革促进了技术的发展。技术与工程将继续改变人类未来的生活方式。学生对这种影响的理解不能仅仅局限于熟记历史时间线、关键发明的时间，以及杰出创新者的姓名。

以下3个关键理念为学生理解社会对技术发展的影响并掌握相关能力奠定了基础。随后所述的基准都与这些关键理念有关，并随着年级段的升高，越来越具体和复杂。第一个关键理念：**社会的需求和愿望比个体的需求和愿望更能影响技术与工程**。文化、组织和技术使用者塑造并影响着技术创新。政府规章制度、补贴和财政激励措施能促进某些技术的发展，与此同时，也会阻碍其他技术的进步。例如，在美国，个体出行方式很大程度上受政府鼓励使用私人汽车的政策的影响，这些政策包括1956年颁布的《州际公路与国防高速公路法》（the Interstate Defense and Highways Act）。因此，在随后的几十年中，美国许多地区对其他公共交通的兴趣日益下降，资金投入也相应地减少。

第二个关键理念：**社会的价值观和信念影响着人们对技术的态度**。如果某项技术被社会认为是有用的或必需的，那么它就有可能被使用且进一步被开发。一个产品或系统的开发与个体的需求、兴趣和接受程度有关，但通常受集体价值观和信念的影响。这些价值观和信念通常反映在社会为控制和规范技术产品、系统和流程而采取的法律、政策和程序中。有时，虽然人们能够设计和生产出某个产品或系统，但由于误解、恐惧或谨慎，产品或系统未得到进一步发展。例如，转基因作物在欧洲的接受程度低于美国，在欧洲，人们对转基因食品安全性的顾虑限制了他们食用转基因食品。

第三个关键理念：社会处于不同的发展阶段，这会影响技术创新的传播。 一个在发达社会中采用的技术可能不适用于发展中社会。合适的技术是指一项技术必须适应一个社会的社会状况和经济状况，同时还能促进社会的可持续发展（即良好的环境实践和技术使用者的自给自足）。联合国制定了17项可持续发展目标以应对全球挑战，其中许多目标涉及不同社会间的技术不平等问题。

学前至2年级

这个年级段的学生热衷于了解各种满足其需求和愿望的技术发展成果和系统。利用这一兴趣，可以教学生产品和系统是如何被设计出来的。学生可能会探索天黑后如何才能看清东西，对更安全和更可靠光源的需求如何导致了火和蜡烛的使用，并最终导致了电灯泡的发明和使用。电灯取代了蜡烛和煤气灯，成为室内照明的主要来源，因为它具有几个理想的特性：更加清洁、不易引起火灾，并提供更明亮、更稳定和更自然的光。这个例子说明，个体偏好有助于利用数学、科学和工程来促进产品开发。

在理解社会对技术发展的影响方面，学前至2年级的学生应该能够：

STEL 5A. **解释个体和社会的需求和愿望。** 人类的基本需求包括食物、水和住所。除此之外，孩子们还可以讨论导致新技术发展的其他需求和愿望。这有助于他们开始了解他人的想法、感受、需求和愿望可能与自己有所不同。

STEL 5B. **探索技术如何开发，以满足个体和社会的需求和愿望。** 例如，人们需要干净、安全的水，因此开发了向家庭和学校供水的系统。人类开发技术需要对自然世界有一定的了解，并需要使用其中的材料。

STEL 5C. 调查技术在家庭和社区中的使用情况。孩子要学会使用感官来收集数据，并在日常环境中观察技术。在西方文化中，人们会在学生去学校前使用烤面包机、微波炉、烤箱等做早餐。在其他文化中，人们则会使用不同的食物储存和制作技术来准备早餐。

3~5年级

3~5年级的学生会认识到，社会需求和愿望直接影响技术的发展。发明和创新受社会需求所驱动。如果社会认为某项技术的发展是有价值的，那么该产品或系统的需要将持续存在。如果人们对某种产品或系统失去兴趣，那么公司将不再开发它，并且它很可能会从市场上消失。

这一阶段的学生可以开始了解消费品的开发和营销如何影响它们自身。如果一种新的麦片在电视或其他流行的通信设备上被推销，孩子们自然会与他们的朋友和父母分享自己对该产品的兴趣，从而提高该类麦片的销量。当一种新玩具在节日期间成为热销商品时，需求激增，面对增加的销售订单，生产商毫无准备、束手无策，从而导致报纸上出现这样的报道：家长们在商店中争抢最后一个玩具或前往偏远地区购买这种特别的玩具。一旦玩具过时，工厂可能会出现过量生产的情况，从而导致商品价格下降，积压的玩具库存被运到折扣店。家长和教师可以与孩子讨论市场营销和这些繁荣与萧条背后的消费周期带来的启示。

在理解社会对技术发展的影响方面，3~5年级的学生应该能够：

STEL 5D. 确定影响社会技术系统或基础设施变化的因素。个人、家庭和社区的价值观，以及环境和经济因素可能会促进或限制技术的发展。学生应该认识到，产品和系统是为各种目的（包括创造利润）而设计和销售的。有时，这些变化会以牺牲人类健康和环境为代价。

STEL 5E. 解释当个体或社会需求和愿望改变时，如何开发或改进技术。当社会确定了一个需求时，更有用和更高效的技术就会被开发出来。当环境发生变化时，技术也会根据新的条件而发展。例如，如果当地水源干涸，则必须设计水净化和运输的替代性解决方案。工程师会通过设计和创造来改进现有技术，以满足新的约束条件和制约条件。

6~8年级

虽然技术改变了社会，但社会也对技术开发和使用起着至关重要的作用。6~8年级的学生应该知道，发明和创新是为了满足个人和社会的需求和利益而被创造出来的。他们应该有机会讨论和探索对社会产生了重大影响的技术发展成果。这些发展成果出现在自动化、人工智能、计算机、机器人、交通运输、建筑、制造、能源与动力、生物技术、农业以及其他领域的情境中。

社会专注于技术改进，以使事物运转得更快、更强大、更高效且成本更低。消费者期望这些改进继续使生活变得更轻松、更经济有效，但有时这些技术改进会产生新问题，需要新的解决方案。例如，改进交通运输系统后，环游世界变得更加容易，但这不仅使历史遗迹变得人满为患，还导致了各类疾病在全球传播。出现类似的问题时，领导人通常会放眼全球，看看其他社会是否遇到并妥善解决了类似的问题。

在理解社会对技术发展的影响方面，6~8年级的学生应该能够：

STEL 5F. 分析一项发明或创新如何受其历史背景的影响。技术的特点由其开发环境决定。经济、政治、文化和环境驱动因素形成了历史背景，并决定了技术的设计及其被接受程度。例如，在过去的十年中，照明技术发展迅速，由于人们寻求更高效、更持久、更环保的照明解决方案，LED灯在很大程度上取代了白炽灯和紧凑型荧光灯（节能灯）。

STEL 5G. 从不同角度评估权衡，将此作为决策过程的一部分，并在这一过程中认识到需要就相互抵触的因素进行审慎地取舍。技术发展既有好处，也有后果。权衡是一种折中，即放弃一种东西，以获得另一种想要的东西。学生应认识到，社会对新产品和独特产品的期望会导致过时设计和不可持续的消费率。

9~12年级

技术发展受社会机构影响，包括政府、企业和教育机构等。这些社会机构影响着人们学习、生活、工作和娱乐的方式。9~12年级的学生需要认识社会对技术的影响，理解社会决策如何直接影响一个产品或系统的开发。

STEL 5I. 评估一项面临社会阻力且影响其发展的技术创新。纵观历史，社会在道德、伦理和政治方面做出的决策都会影响技术解决方案和创新的发展。有时，这些决策具有争议性，且需要从多方面进行考虑。面对因价值观冲突，无法达成共识而产生的问题，不同社会所采用的规范和方法各不相同。例如，由于公众的反对，德国决定逐步停止使用所有核能。

STEL 5J. 设计一种在不同文化中适用的技术。高中生可以通过考察其他文化中的技术关系而获益，他们可以了解到不同文化背景下的人们具有不同的技术获得机会。例如，世界上有许多地方缺乏现成的清洁水源，由于不同地点的资源和情况不同，解决此问题的策略也将有所不同。

学生应该研究公众的看法是如何直接影响市场的。当一个产品或系统未受到正面评价时，开发人员必须决定是继续开发、修改方案，还是停止开发。道德和伦理方面的考虑也将发挥作用。社会的接受度往往决定着新技术的成败。

在理解社会对技术发展的影响方面，9~12年级的学生应该能够：

STEL 5H. 评估一项因特定社会的独特需求或愿望而产生的技术创新。当工程师改进技术系统时，通常会根据当地环境因素、可获得的材料和成本来选择材料。交通运输方式的选择取决于人口密度、便捷性、安全性、速度、地理位置和成本等因素。能源的选择则基于相应资源所处的位置、成本效益和环境影响等因素。

标准6：技术的历史

最初，技术只是一些非常简单的工具，如岩石或其他天然物品被改造，以更好地满足制造者的需求。随着时间的推移，人类在工具制造方面变得更为精湛，学会了将原材料加工成自然界不存在的形态，如青铜、钢、陶瓷、玻璃、纸和油墨等。这些新材料为改进现有工具和创造全新技术开辟了道路。人们学会了将各个部件（如轮轴、杠杆、弓箭）组装在一起以创建系统，这些系统可以完成任何单一部件都无法完成的工作。分工使人们成为专家，并且使人们能合作制造产品。相较于个人单独工作，合作能制造出更为复杂和精致的产品。

3个同等重要的关键理念为学生理解技术的历史以及掌握相关的能力奠定了基础。随后所述的基准都与这些关键理念有关，并随着年级段的升高，越来越具体和复杂。第一个关键理念：**文艺复兴时期，技术知识随着其他领域的发展而加速发展**。科学和数学知识为新型设计开辟了道路。这种设计不仅基于试错，还能够在产品制造之前就对其运作方式进行建模和预测。此外，视觉和表演艺术发展壮大，产生了更广泛的审美鉴赏力，影响了产品设计。全球探索带来了知识、工具和材料的文化交流。

第二个关键理念：**历史上的各个时期大多由技术进步来定义**。历史至少见证了三次由技术驱动的伟大变革。第一次变革是大约14 000年前的农业发展。

通过稳定的食物供应，农业促进了社会在某地的发展和繁荣，进而产生了文明的第一次大发展。18世纪，随着可互换零件、蒸汽机、可利用的化石燃料的发展，以及第一批工厂的建立，社会出现了第二次变革。这些变化开创了工业时代，即大规模生产的时代。供应商、制造商、分销商、金融家和发明家组成了一个互联系统，这一系统的创立使物质产品的生产方式发生了革命性变化。低成本且高质量的产品得以大量供应。最近的一次变革发生在过去的几十年，那就是强大的计算机网络的发展。这些技术在信息和通信领域取得的成就，类似于前两次变革在食物供应和物质产品生产上取得的成就。

第三个关键理念：**技术的历史记载了技术对人类的正面影响和负面影响**。了解技术的历史有助于人们了解其周围的世界，人们可以通过技术看到发明和创新是如何发展的，以及发明和创新是如何推动世界走向当前状态的。技术在农业、制造业、交通运输业、医疗、建筑环境，以及其他领域获得了许多成功，但也产生了诸如网络犯罪、污染和自然资源使用过度等负面影响。在研究主要时期以及特定事件、创新者和里程碑事件时，人们开始发现一些模式，这些模式可以帮助预测未来。通过这种方式学习技术，学生能够对技术及其在社会中的地位做出更负责的决策。

学前至2年级

对于这个年级段的学生来说，学习技术的历史很重要，因为这为他们认识人工世界的发展奠定了基础。这个基础将通过把技术与其他学科联系起来的方式在学生学业发展中发挥重要作用。

通过了解第一批人类以凿燧石边缘来创造原始工具的历史，学生将了解技术是如何从早期文明演变发展的。制造和使用工具是技术发展的第一步。不论是过去，还是当下，工具一直是拓展人类能力和帮助人们更轻松工作的手段。学生将了解到，人类已经从工具的制造者发展为能够创造产品和系统的战略设计者。随着时间的推移，人们提高了创造产品或系统的能力，以提供住所、食物、衣服、通信、交通、休闲、卫生和文化等。

在理解技术的历史方面，学前至2年级的学生应该能够：

STEL 6A. 讨论历史长河中，技术是如何改变人类的生活方式和工作方式的。

人类一旦学会了为自己建造住所（最初是简单的小屋，然后是房屋、城堡和摩天大楼），就不再被迫寻找天然的栖身之处（如洞穴）。犁和其他农业技术的发明，以及鱼钩和弓箭等简单装置的使用，提高了人们的生存能力，从而使其能腾出更多时间从事其他活动。通过使用烟雾信号、警报、造纸术、印刷术、电话和互联网等工具和工艺，人们跨时空交流的能力得到了有效提高。

3~5年级

纵观历史，人们开发了各种产品和系统来满足自身需求和愿望。为了理解这一概念，3~5年级的学生可以学习建筑的演变历史。他们可以追溯建筑的发展历史，从早期人类建筑到（古）埃及金字塔，从（古）罗马水道和房屋到现代摩天大楼。通过这种方式，学生会明白文明史是如何与技术发展紧密联系在一起的。

从历史的角度评估活动可以帮助学生了解人类是如何改善生存条件和促进文化不断发展的。例如，为了提高对通信技术发展的理解，学生可以体验不同形式的通信手段，从象形文字和雕刻开始，到地图和图表，再到摄影技术和印刷机。学生可以追溯通信设备的发展历程，重点关注帮助该技术实现的准则和约束条件，思考一些古代通信技术不可持续或不再使用的原因。

当完成小学阶段的学习时，学生将从历史情境中获得关于技术重要性的观点。此外，他们将从历史长河中了解工具和机器的重要性。

在理解技术的历史方面，3~5年级的学生应该能够：

STEL 6B. 创建具有代表性的人造工具，探索人们如何利用这些工具种植粮食、制作衣服、建造住所，以保护自身。
历史上的技术产品和系统并不总是发挥作用，在一个创意成为现实之前，往往都要经过多次试验和改进。例如，陶器的发展持续了一万多年，人们学会了通过混合各种黏土来制作更坚硬的物品，还学会了在炉窑中烧制陶器以加快黏土硬化的速度。人们设计和研制了水壶、花瓶和杯子等各种容器，用来存放水、牛奶、种子和谷物等。并不是所有设计都会奏效，且在每一个古代文明中都可以发现某些设计的各种变体。在课堂上用于展示的工具包括草图、立体模型、实体模型、投影仪等。

6~8年级

在中年级段，学生将了解人类历史上许多关于技术发展的里程碑事件。他们将了解到，在不同历史时期，技术影响人类的方式是多种多样的，如影响人们的生活方式、就业方式和决策方式。从人类历史大背景下看技术发展的历史，将使学生了解技术对人类的影响是如何随着时间的推移而变化的。想要理解过去某个时代的技术，其中的一种方法是，对那个时代的技术进行逆向工程研究。

教师可以通过各种方式激发学生对技术的历史产生好奇。例如，教师可以让学生探索各种住所的结构，并调查房屋温度控制系统如何使室内更舒适宜人，如供暖和制冷。在进行研究时，学生可以通过书籍、互联网和询问社区老年人等途径，了解房子在安装空调和集中供暖之前的生活是怎样的。信息收集完毕后，学生可以以各种形式向全班同学和教师展示信息，例如，制作模型，制作演示文稿，或制作视频。许多其他主题，如食物、服装、通信、交通、体育和卫生，也可以作为这项练习的基础话题。通过研究历史上各个时期的主要发明和创新，学生将弄清社会和文化是如何影响技术发展的，反之亦然。

在理解技术的历史方面，6~8 年级的学生应该能够：

STEL 6C. 比较各种技术及其对人类进步的贡献。 例如，学生可以在历史背景下研究地图，并解读地理环境和自然资源的可获得性是如何决定人类建造房屋所使用的材料的。

STEL 6D. 参与研发过程，模拟发明和创新是如何通过系统的测试和改进而演变的。 例如，1879 年，第一只灯泡只工作了 13 个小时。此后，爱迪生的灯泡又有了许多创新和设计上的改进。学生可以研究某项给定技术的时间线，记录其重大变化以及这些变化对社会和环境产生的影响。

STEL 6E. 验证功能的专门化是如何成为许多技术改进的核心的。 例如，早期的蒸汽机最初设计有一个单独的腔室，蒸汽在其中膨胀，然后冷凝，从而在同一个地方实现蒸汽机的两个截然不同的功能。50 年后，詹姆斯·瓦特（James Watt）通过将汽缸和蒸汽冷凝器的功能分离到两个独立的部件中，创造了一种效率更高的蒸汽机。在工业设计领域，除了将其他技术进行改进外，还将美学和人体工程学精心纳入了技术产品和系统的设计中。

9~12年级

9~12 年级的学生应该知道，技术变革有时是突然且明显的，但更多时候是渐进且不易察觉的。技术进步的影响也可能是非常强大的、不可逆转的和全球性的。

为了加深对技术的历史的理解，这个年级段的学生应该了解各种发明和创新的起源和历史，以及它们与特定时期的关系。历史时期大多是根据当时居于主导地位的产品或系统来定义和命名的。例如，学生会了解到，石器时代始于凿石工具的发展，后来演变成了手斧、刀刃类工具、长矛和弓箭，当时也使用了火。其他历史时期也是以重大技术发展为特征的，如轮子、某些资源的使用（如铁器时代）、印刷机、大规模生产和计算机等。

毫无疑问，技术的重大发展推动了

文明的进步,并为现代的发展奠定了基础。在过去的两百多年里,技术和科学的发展都与人类进步的观念密切相关。纵观历史,技术发展的一个共同点在于,设计过程被用来改进和提高人们的技术能力。学生应该将技术和各个时代联系起来,并理解学习技术的历史也是研究变革的过程。此外,学生应该理解,虽然技术的历史往往以英雄和个别发明家的名义被讲述,但事实上,许多不同背景的人经常一起工作,共同开发技术。

在理解技术的历史方面,9~12年级的学生应该能够:

STEL 6F. 阐述技术发展是如何演变的,技术发展是对基础发明或技术知识进行的一系列改进的结果。例如,铅笔的发展是一个漫长且乏味的过程。工程师、设计师和技术人员开发了许多不同的技术和工艺,并使用了各种材料,以研制出最好的铅笔。农业技术的发展改善了食物的种植和供应。其他发展包括:改善交流方式(通过纸张、墨水和字母表的发展),改善船舶导航方式,更好地了解人体解剖学,以及改善清洁饮用水的提供方式。

STEL 6G. 验证文明的演进是否受工具、材料和工艺开发与使用的直接影响,反之亦然。石器时代始于狩猎、切割和捣碎蔬菜与肉类等石器的发展,并发展到利用火来取暖、烹饪和自我保护。青铜器时代始于铜和铜基合金的发现,镰刀、犁、风车和灌溉等农业新技术的广泛应用使农民能够种植更多的粮食。持续的技术进步促使许多人从农村迁移到发展中的城镇和城市,与此同时,其他有影响力的发展成果(包括织布机和纺车)提高了布匹生产的效率。火药和枪支的发明是对先前狩猎工具和防卫武器的改进。

STEL 6H. 评估技术在历史上如何成为重塑社会、文化、政治和经济格局的

强大力量。例如，通信、农业和交通运输都是出于政治、经济和社会利益及其时代价值观而发展起来的。中世纪出现了许多对技术和社会产生深远影响的技术设备，如水轮和磁性罗盘。如今，这些设备仍然以某种形式在使用，尽管对比早期的设计，它们已经有了很大的改进。文艺复兴时期也是技术历史上一个重要的发展时期。照相机暗箱、纺绸机、望远镜、潜水艇、水压机和计算器都是在这个时期发展起来的。研究技术的历史有助于我们了解社会和政治事件的背景，并确定未来可能发生的情况。

STEL 6I. 分析工业革命是如何促进大规模生产、复杂的交通运输和通信系统、先进施工技术的发展以及教育进步和休闲时间的增加的。这一时期的主要发展成果包括连续加工的磨粉机、动力织布机和图案编织机、蒸汽机、电动机、汽油机和柴油机、硫化橡胶、飞机、电报、电话、收音机和电视机。伊莱·惠特尼（Eli Whitney）提出的可互换零件概念和亨利·福特（Henry Ford）的传送带设想促进了商品生产水平的进一步提高。由于效率的提高和劳动法的更新，部分人拥有了更多的闲暇时间，这使教育的进一步普及成为了可能。

STEL 6J. 调查信息时代带来的广泛变革，该时代强调信息的加工处理和交换。二进制语言、晶体管、微芯片、电子数字积分计算机（ENIAC）的发展迎来了计算器、计算机和通信方式的爆炸式发展，信息得以从一个地方迅速传播到另一个地方。全息技术、控制论、静电复印、增殖堆、氢弹、登月舱、通信卫星、配件预制技术和基因编辑都是这一时期的重大技术进展。

标准 7：技术与工程教育中的设计

人类进行设计是为了娱乐、解决问题、拓展能力、满足需求和愿望，以及改善生存条件。没有设计，即没有目的地制订行动计划，就不能有效地制造产品或系统。设计是所有技术与工程活动的基础。8个同等重要的关键理念为学生理解设计以及掌握相关的能力奠定了基础。随后所述的基准都与这些关键理念有关，并随着年级段的升高，越来越具体和复杂。

第一个关键理念：**设计是一项基本**

的人类活动。技术与工程中的设计是一个明显的人为过程，具有一些规定性的特征：它是有目标的，开放的，基于特定要求的，反复进行的，具有创造性的，它可以产生多种可能的解决方案。这意味着，我们讨论的技术与工程的设计过程不是一个单一的过程。技术与工程设计满足由用户需求和/或政策或法规（例如建筑规范）确定的准则或约束条件。低年级学生的教学应该从较简单、较明确的设计问题开始，应涉及较少的准则和约束条件，以培养他们的知识和技能。高年级的学生应该面对更广泛的、难以明确定义的设计挑战，这需要采用不同的、更复杂的设计方法。

技术与工程设计本质上是一个创造性的过程。有时，创新的解决方案会采取独特且出乎意料的方式使用资源，学习技术与工程设计的学生，将面临为设计问题提出创新性解决方案的挑战。技术与工程设计的开放性特征意味着可以通过多种途径获得一种解决方案，也可以创造出多种解决方案。由此，得出第二个关键理念：**在技术与工程设计中往往没有单一的、正确的解决方案，此外，设计总是可以被优化和改进的**。这些基本属性对于任何产品或系统的设计和开发都是至关重要的。

现如今，很少有产品和系统是通过一次试错或纯粹的偶然过程开发出来的。这就是第三个关键理念：**技术与工程中的设计是反复进行的**。几乎所有设计都是循环过程的结果。随着想法转化为最终产品或系统，开发步骤将不断被重新审视，这就是一个循环过程。技术专家和工程师经常会追溯到设计过程的早期阶段，重新评估产品是否符合准则和约束条件，以及是否产生了足够好的结果。这一过程包括深入理解问题和可用资源，全面探索解决方案，以及仔细评估和改进。

有效的技术与工程设计需要应用一系列学科的知识，并充分了解设计对社会和环境的影响。这一过程为增强和提高学生的必要技能（通常被称为21世纪技能）提供了机会。通过技术与工程设计过程，学生还可以提高自身的其他技能。第四个关键理念：**进行技术与工程设计需要一系列技能**，包括沟通、创造力、合作、批判性思维、计算思维、可视化、智慧、创新、构思、抽象思维、公民意识、毅力、从失败中学习、接受并提供反馈、空间思维、项目和时间管理，以及自主学习等。

第五个关键理念：**设计具有通用性的原则和元素**。设计原则包括平衡、节奏、图案、强调、对比、统一和运动。设计元素包括线条、形状、空间、价值、形式、纹理和色彩。此外，在技术与工程领域，许多设计都具有实体，因此通常需要考虑一系列额外的设计因素，如人体工程学、能源效率、可靠性、耐用性、安全性、易制造性和美观性等。这些被广泛接受的原则、元素和因素以不同的方式组合在一起使用，以创建满足预期目标并具有实用和美学价值的产品。

第六个关键理念：**制作是技术与工程设计的固有部分**。技术与工程设计也需要具体的实物制作技能。这些技能包括但不限于画草图和制图、测量、反复改进、计算机辅助设计、计算机编程、材料应用、建模和原型设计，以及有效地使用手动和电动工具。

*技术与工程设计*这一术语同时包含了技术设计过程和工程设计过程。在这一语境下，*技术*一词广义上指实现技术发展的过程，该过程通过制订计划将资源转化为满足人类需求和愿望的产品或系统。*工程*设计一词用于表示一个过程，该过程需要收集和分析科学和数值数据，以对设计方案做出明智的决策。工程设计使用测试原型时收集的数据，以更好地预测产品的性能。这就是第七个关键理念：**设计优化受准则和约束条件的控制**。

工程设计是一个理想的 STEM 教育整合者，它创建了一种明智的设计方法（informed design approach），该方法利用科学知识、工程科学和数学预测分析来优化最终的解决方案。有目的地融合技术与工程设计方法，可以使学生在制订技术设计方案时，了解明智的工程设计的优势并促进 STEM 学习。技术设计包括且往往需要制作原型，以进行测试和改进设计。仅依赖单一的技术设计或工程设计均无法发挥这两种方法的优势；因此，在这些标准中，技术与工程设计一词是首选术语。其他设计方法，如平面设计和工业设计，也在技术与工程实验室－教室中发挥作用。

一门精心组织的教育课程将有意地包含这些关键理念，从而促进学生技术与工程素养的发展。设计体现了人类改善自身生存条件的先天能力和倾向。随着学生的进步，他们将具备知识和技能来展示第八个关键理念：**设计有多种方法**。在适当的时候，学生将学习使用其他设计方法，如参与式设计、生态设计和以用户为中心的设计等。

学前至2年级

当学生探索周围的世界时，他们开始明白，世界上的一些元素是人为制造的。制造系统或产品需要精心规划，而这种规划涉及一个名为设计的过程。这个年龄段的孩子开始明白，很多人为我们今天的世界做出了贡献。他们通过玩耍自然地参与设计过程，并开始研究材料的特性和工具的使用，学习创造自己的设计方案。这一阶段的学生可以了解到，设计需要满足最终用户的需求和愿望，并开始通过列出关键的设计元素来描述设计。在探索不同的设计方案时，他们将了解到，没有完美无瑕的设计。例如，学生可以比较和对比玩具、餐具或其他熟悉的物品，开始区分产品的特征。通过技术与工程设计，他们开始获得这一过程所需的关键技能。设计活动通常发生在玩耍、探索和反复改进的过程中，这促进了学生基本制作技能的发展。

在培养技术与工程设计能力方面，学前至2年级的学生应该能够：

STEL 7A. 通过游戏和探索来应用设计概念、原则和过程。设计体验建立在孩子天生的好奇心、探索欲和毅力的基础上。熟悉的材料、工具和环境将增强这种体验感。

STEL 7B. 说明设计具有需求。学生认识到，所有的设计都必须满足一定的期望。这些期望与解决方案的目的、功能和制约条件有关。

STEL 7C. 解释设计是对需求和愿望的回应。学生开始明白设计受需求和愿望驱动。这些需求和愿望往往来自熟悉的环境，如家庭、学校和社区。

STEL 7D. 讨论所有的设计都具有可以描述的不同特征。学生开始认识设计的基本特征并对其进行分类，这些基本特征代表了设计的原则和元素。在绘画的过程中，学生开始区分线条、色彩和形状。在对早期设计想法进行思考时，他们可能会和其他孩子一起进行头脑风暴、绘制草图，并思考想法的可行性。

**STEL 7E. 举例说明一个设计具有不同的解决方案，且没有一个解决方案是完美无瑕的。学生将认识到，任何一项设计挑战，都有多种可行的解决方案。

STEL 7F. 区分技术与工程设计过程的*基本技能*。 学生将认识到，成功从事技术与工程设计需要掌握一些基本技能，如创造性思维、建造和测试能力。

STEL 7G. 在设计过程中应用必要的制作技能。 提供使用工具和操作材料的机会，可以提高学生的制作技能。这个年龄段的孩子会采取反复改进和游戏的形式来获得结构化设计的经验。

3~5年级

在学前至2年级所学知识的基础上，3~5年级的学生开始对技术与工程设计有更深入的理解，同时将具备更强的参与能力。他们开始明白，设计方法多种多样，在进行技术与工程设计时，需要重新审视前面的某些步骤。迭代过程可以包括明确问题、构思、研究、分析、建模和预测、原型制作、测试和评估、优化解决方案、做决策、记录和沟通等。3~5年级的学生通过了解约束条件和准则来参与技术与工程设计。他们将了解到，设计是一种改善人类生存条件的方法，并为提高生活质量创造了可能性。

学生将开始扩大技术与工程设计的词汇量，并确定"优秀"设计的关键设计要素和原则。此外，学生开始分析现有的设计，并学会识别设计的优点和缺点。这个阶段的学生会认识到，设计方案是有局限性的，没有一个设计方案是完美无瑕的。

在培养具备技术与工程设计能力方面，3~5年级的学生应该能够：

STEL 7H. 说明设计有多种方法。 设计方法由设计的情景、个人、可用资源和预期目的决定。

STEL 7I. 应用技术与工程设计过程。 技术与工程设计可以包括明确问题、构思、开展研究、分析、建模和预测、原型制作、测试/评估、优化、做决策、记录和沟通等。学生以非线性的方式认识和参与技术与工程设计中的这一系列活动，根据需要重新审视某些步骤，并在工程笔记本或作品集中记录他们的行动。

STEL 7J. 根据准则、约束条件和标准来评估设计。 这个年级段的学生掌握了一定量的词汇来识别和讨论设计参数或制约条件。他们能够认识到，有目的的设计决策是基于准则和约束条件的。

STEL 7K. 解释优秀的设计是如何改善人类生存环境的。 学生通过辨识与人类生存状况相关的需求和愿望来扩大自身的理解范围，而不仅仅局限于他们身边的环境。他们将认识到设计对生活质量的潜在影响。

STEL 7L. 应用设计的通用原则和元素。 学生需要掌握必要的词汇，以明确、描述并开始应用设计的原则和元素。他们将认识到这些原则和元素对设计质量的影响。

STEL 7M. 评估现有设计方案的优势与不足，包括学生自己的设计方案。 学生可以通过分析方案的相对优势和不足来评估一系列潜在的解决方案。他们需

要根据准则和约束条件来评估设计方案，认识到单一设计方案存在的局限性，并继续探索一系列想法。

STEL 7N. 练习成功的设计技能。 持续体验和发展基本设计技能将增加学生的设计经验。学生通过参与适合自身发展的体验来提高这些基本技能，这些技能的发展通常由教师主导。

STEL 7O. 在设计过程中安全地使用工具、技术和材料。 学生会认识到，设计者为了成功完成设计，需要不断练习所需的制作技能。不断地探索工具、技术和材料能帮助学生掌握成功完成设计所需的技能。他们会开始有目的地选择适当的工具和材料。

6~8年级

6~8年级的学生将继续发展创建设计方案的能力，并开始理解和体验各种技术与工程设计方法的优势。学生会认识到只使用一种设计方法是有局限的，他们将会明白要避免固守一种设计方法和/或一种设计方案。他们将试图找到满足最终用户需求的最佳方法，并会认识到，设计是一项努力将人的因素考虑在设计方案内的工作。通过对技术与工

程设计过程的探索，学生将了解到设计涉及一系列权衡，并将学习通过优化解决方案来最大程度地满足约束条件和准则（制约条件）。在这一阶段，学生开始学习如何根据确定的准则和约束条件来评估自己和同学的设计方案。此外，学生开始意识到自己的设计方案存在局限性。这些学习经验往往会在失败的过程中获得，失败是设计过程固有的一部分。

在培养具备技术与工程设计能力方面，6~8年级的学生应该能够：

STEL 7P. **说明不同的设计方法的优势和有利条件。** 设计的一个特点是权衡设计者所选择方法的优势和有利条件。

STEL 7Q. **应用技术与工程设计过程。** 学生将有意识地利用技术与工程设计过程来反复解决设计挑战。他们开始认识到重新审视设计过程步骤以避免固守一种解决方案是很有必要的。

STEL 7R. **改进设计方案，以满足准则和约束条件。** 学生在给定的准则和约束条件下进行设计，并认识与优化相关的权衡。

STEL 7S. **通过在设计中识别和应用人的因素来创建问题的解决方案。** 学生将认识到人的因素会影响设计过程，设计过程则会提高人们识别和应用人的因素（如易用性和人体工程学）的能力。他们将逐渐认识人类与设计环境之间的关系。

STEL 7T. **根据既定的设计原则和设计元素评估设计质量。** 学生根据一部分设计原则和设计元素来评估设计的质量。在教师的指导下，这个年级段的学生可以解释这样的问题，即为什么认为某些设计比其他设计更有效。

STEL 7U. **评估不同设计方案的优势与不足。** 学生通过了解与设计决策相关的权衡过程，来进行设计的自我评价和同伴互评。

STEL 7V. **提高成功地完成设计所必需的基本技能。** 学生将认识到这些基本技能的价值，并识别出发展这些技能的机会。元认知驱动学生在设计中认识和学习从失败中总结出的经验。

9~12年级

9~12年级的学生会全方位体验技术与工程设计。他们已经参与过多种设计活动，因此，他们对技术与工程设计过程有了更深入的理解。在这个阶段，学生已经学习了几种技术与工程设计的方法，这提高了其为给定设计问题或机会选择最佳设计方法的能力。这一阶段的学生了解如何选择和参与整个设计过程，以及如何解释设计决策。9~12年级的学生将学习根据既定的准则和约束条件，以及通常由设计者定义的参数来优化设计。他们将学习从测试中收集证据和数据，以分析设计方案的效能。有时，测试和数据表明，当前的设计思路不能满足客户或最终用户的需要。在这种情况下，学生将学习寻求其他解决方案。他们将明白，设计者需要综合多种设计思路的关键特点来获得最佳解决方案。在这一阶段的学习中，学生开始自我反思成功的技术与工程设计过程所必需的基本技能。此外，学生会拓展将广泛的制作技能应用于创建设计方案的能力，并寻求额外的培训以提高自身的知识和技能。

在培养具备技术与工程设计能力方面，9~12年级的学生应该能够：

STEL 7W. 通过评估设计目的来确定最佳方法。 当设计者选择具有最优解决方案的设计方法时，就会出现权衡。

STEL 7X. 记录技术与工程设计过程中的权衡，以获得最佳设计。 学生评估技术与工程设计过程的各个方面，并为其设计解决方案选择最优的方法。这一阶段的学生应该能够为设计决策提供合理的依据。

STEL 7Y. 通过在准则和约束条件范围内讨论期望达到的质量来优化设计。 学生根据提供的参数对设计决策进行批判性评估，以此来优化设计。

STEL 7Z. 应用以人为本的设计原则。 学生在设计时会考虑人与设计环境之间的关系。他们将通过对设计决策以及该决策对预期用户的适用度的批判性评估，来综合理解以人为本的设计原则。

STEL 7AA. 说明设计的原则、元素和因素。 学生会独立选择、评估并实施原则、元素和其他因素，以改进自己的设计。设计原则包括平衡、节奏、图案、强调、对比、统一和运动。设计元素包括线条、形状、空间、价值、形式、纹理和色彩。可应用于实物的其他设计因素包括人体工程学、能源效率、可靠性、耐用性、安全性、易制造性和美观性等。

STEL 7BB. 实施设计的最佳解决方案。 学生应该能够在测试和分析证据的基础上，给出合理的解释，以支持他们为了优化准则和约束条件而选择的设计解决方案。识别优势并结合不同设计中的关键特点可以增强设计方案的效果。

STEL 7CC. 将广泛的设计技能应用到设计过程中。 学生将参与有意义的讨论，探讨其在成功的设计活动中应用的基本技能，包括创造力、合作能力、应变能力、构思能力、从失败中学习的能力，以及许多其他基本的设计技能。

STEL 7DD. 将广泛的制作技能应用到设计过程中。 学生会独立选择并安全地使用适当的工具和流程来完成设计的制作任务。他们会认识到自身知识和技能的不足，并寻求发展必要技能的机会，以便在制作过程中变得更加自信、更具竞争力。

标准 8：技术产品和系统的应用、维护和评估

每个人都会使用技术产品和系统，如汽车、电视、计算机、家用电器等，但并不是每个人都能恰当地、安全地或以最高效和最有效的方式使用技术。很多与技术产品及系统使用有关的问题都是因技术革新速度过快而造成的。新技术层出不穷，以至于人们还没适应某项技术，下一项技术就取而代之了。

3个同等重要的关键理念为技术产品和系统的应用、维护和评估奠定了基础。随后所述的基准都与这些关键理念有关，并随着年级段的升高，越来越具体和复杂。第一个关键理念：**与那些缺乏技术经验的人相比，具有技术素养的人更有能力学习和使用技术产品和系统。** 为了在技术产品和系统的应用、维护和评估方面具备技术素养，学生需要接触各种技术，并有机会发展自己的知识和技能，以掌握知识和技能的用途。学生应该学会为特定的情况选择合适的技术。

学生应该能够分析技术故障，并提出适当的应对方法和补救措施。第二个关键理念：**技术产品、系统或流程的维护对于保证其正常运行至关重要，一旦出现故障，就需要进行适当的维修。** 故障检修、测试和诊断是维护和维修产品或系统的重要步骤。作为一个解决问题的过程，故障检修旨在找出系统故障的原因。有能力的故障检修人员会系统地排除各种可能原因，因为他们专注于问题的根源。这个过程称为单变量测试。

第三个关键理念：**在评估技术产品、系统或流程时，人们应该在得出结论之前先收集、综合和分析信息。**为了使用这种方式评估一项技术，应该鼓励学生获得新的能力，包括测试、根据过去的经验进行推理、预测可能的结果、建立模型和进行推想，以及界定利益和风险。这些技能将使学生能够评估产品或系统如何影响个人、社会和环境。与此同时，学生应该意识到，技术活动不可避免地涉及权衡取舍，以及一定的风险。

学前至2年级

技术在该年级段学生的生活中发挥着重要作用——提供住所、舒适的环境、玩具、衣服和食物。学生对其周围能看到的一切事物都感兴趣，他们会提出很多问题，如，事物是如何运作的，为何以某种方式运作，以及是如何形成的。应该鼓励学生进行调查，可以鼓励他们通过拆解和比较各种产品来发现产品是如何工作的，这也能帮助他们更好地理解产品的用途和目的。

学生应该通过提问来收集有关日常用品和系统的信息。对于培养学生关于技术使用的决策能力、评估技术使用有效性的能力或使用故障检修来确认和解决技术问题的能力来说，这种提问能力非常重要。当学前至2年级的学生在科学和数学课上学习数据收集时，可以告诉他们，数据收集是制订决策的一种方法。学生可以通过观察容易识别的规格要求（例如，数量、尺寸、质地、重量和状态）来识别、分类和比较不同类型的技术。

使用产品和系统通常需要学生使用常用工具，如订书机、尺子、剪刀和夹子。虽然大部分学生可能以前使用过这些工具，但他们可能不知道如何正确使用。另一部分学生可能没有接触过某些工具，需要教师详细介绍该工具的用途以及安全有效的使用方法。通过正式和非正式的学习活动和教师示范，学生将学会最佳、最安全地使用工具的方式。

符号之所以重要，是因为它们以有效的方式传达信息和指示。学生应该认识到，符号遍及其周围，家用电器控制面板上的图标和道路旁的警告标志，都属于符号。在学前至2年级这个阶段，学生应该对传达信息的符号有一个基本的认识和理解，尤其是有关安全的符号。

在理解如何使用和维护技术产品和系统方面，学前至2年级的学生应该能够：

STEL 8A. 分析事物是如何运作的。这可以通过安全、谨慎地将某物拆解，然后再将其组装来实现。观察、分析和记录的能力对成功完成这项任务至关重要。

STEL 8B. 认识和使用日常符号。符号是技术世界中的一种交流手段，包括道路标志、残障标志（无障碍标志）和计算机屏幕上的图标等。

STEL 8C. 描述日常用品的特质。技术评估或批判性地分析技术有效性的能力，是一项应尽早且持续引入的技能。例如，午餐盒的制作材料是硬质的还是软质的？是金属的还是塑料的？是绝缘的还是非绝缘的？是否有足够的空间存放午餐？

3~5年级

基于学前至2年级学习的内容，学生将在这个阶段学习更多关于如何使用产品和系统的知识。他们将拆解和分析某个产品或系统，并对其进行重新组装，以更好地理解技术系统以及各部件之间的关系。在此类练习中获得的知识将帮助学生安全地使用其他产品、系统和流程，并排除故障。

通过大量使用工具的实践机会，学生将能熟练地为给定的任务选择最合适的工具。教师应教导学生在使用工具时将安全放在首位。那些帮助学生获取、组织和评估信息的工具应受到特别关注。

另外，学生还应理解不同环境下不同符号的意义，并能够正确使用。这些符号可能是社区里的标志和计算机上的图标。在课堂活动中，学生可能会面临创建新符号的挑战，这些新符号可以在家庭、学校或社区中使用。他们将开始理解符号的必要性，以及符号如何帮助快速传达关键理念。尽管不同地区的人们在语言上具有差异性，但有些符号是通用的。

3~5年级的学生将有机会从多个角度（如个人、家庭、环境和经济）评估技术。在评估技术的过程中，学生向着成为一个独立自主的思考者迈出了一步。

此外，在学习评估技术的过程中，学生将发展对比和分类数据的技能，进而进行决策。

收集信息包括对技术的使用进行调查和观察，然后以适当的方式记录观察到的内容。了解如何收集数据需要学生应用和掌握跨学科技能，如科学观察、统计分析和语言艺术技能（如做笔记、提炼大纲和根据材料写作）。

学生应该探索技术如何影响个人、家庭、社区和环境。当学生学习影响本地区的重大事件时，他们就为讨论和学习技术产品、系统和流程的开发和未来应用奠定了基础。学生应该学会识别和权衡技术中隐含的各种利弊得失，并思考是否利大于弊。

在理解如何使用和维护技术产品的系统方面，3~5年级的学生应该能够：

STEL 8D. 按要求完成一项技术任务。技能发展通常从指导性教学开始，许多任务需要按照特定的步骤顺序进行。

STEL 8E. 使用适当的符号、数字和文字来传达有关技术产品和系统的关键理念。这些符号大多存在于日常生活中，如字母、数字、标点符号或商业标识。同样需要注意的还有技术符号，包括危险品标志、警告标志和可回收标志。

STEL 8F. 找出产品或系统不能正常工作的原因。技术系统和产品都有其使用寿命，不会永远存在。对于小学生来说，这可能会让他们感到不安，因为他们期望所有的事情每时每刻都能正常运转。教师可以将自行车链条从齿轮上脱落下来这一故障作为教学案例，指导学生理解事物是如何运作的，以及如何使其再次正常工作。理解这一概念对所有学生来说都很重要。教师可以通过提问的方式引导学生分析技术不能正常工作的原因、获得问题的合理解释，以及找到解决问题的最简方案。

STEL 8G. 检验信息以评估使用产品或系统需要进行的权衡。为了评估技术，可以收集玩具、食物、游戏、保健品、学习用品和服装等产品的价格、功能、耐用性和保修期等信息，进而评估这些产品或系统的成本、效益和权衡。

6~8年级

中年级段的学生将探索、使用和正确维护各种工具和机器、消费品，以及技术系统。学生将继续实践正确的安全程序，并遵循指导或其他规定，以确保安全有效的工作环境。在中年级段，学生会使用合适的工具来收集数据和分析信息，以判断一个系统是否有效运行。除了教学生解决问题外，教师还要教导学生做好准备工作，并制订合适的维护工作表，以保持技术产品或系统的有效运行。这一年级段的学生所使用的工具主要用于设计和制造产品。

在中年级段，学生将致力于解决更复杂和要求更高的技术问题。例如，学生应该意识到，按照一组约束条件设计某件物品与确定一台设备为何不能正常运行，两者所采用的问题解决过程是不一样的。

为了处理已经变得低效或失效的技术产品，学生将学习故障诊断、维护和修理等各种技能。他们应该能够识别系统何时发生故障，根据故障确认问题所在，测试故障组件或模块，判断自己能否解决问题，并决定是否需要向别人求助。

控制技术系统和产品主要通过电子或机械传感器的反馈来完成。利用这些传感器，人们可以知道一个系统是否在安全的工作参数范围内运行。传感器可以测量温度、数量、距离、时间和其他

要素。控制系统广泛应用于交通运输工具、能源系统、房屋系统和许多其他系统。

学生将能够使用仪器收集数据。他们将通过收集和分析数据来获取新知识，做出合理的技术决策，并评估和监测技术活动所产生的后果。学生将开始接触有关知识产权和法律保护的概念，如专利、版权和商标。通过对技术进行批判性思考，以及结合收集的技术信息，学生将能够有效地评估产品和系统。

在理解如何使用和维护技术产品和系统方面，6~8年级的学生应该能够：

STEL 8H. 研究各种来源的信息，以使用和维护技术产品或系统。 文字和图形信息有助于学习如何使用产品和判断产品是否正常工作。此外，许多用户手册都提供了检修产品或系统的小技巧。

STEL 8I. 使用工具、材料和机器来安全诊断、调整和维修系统。 许多消费品都必须遵循联邦和州法律规定的安全使用信息。学生应通过正规教育和教师示范的方式学习安全操作规程。他们将使用工具对技术系统进行诊断、调整和维修。例如，当计算机数字控制（computer numerically-controlled, CNC）车床上的切削钻头磨损时，需要进行调整，以

使切削钻头与原材料对齐。

STEL 8J. 使用设备来控制技术系统。学生应该熟悉并可以使用传感器来控制技术系统，如机器人设备、替代能源汽车和其他技术产品。许多机器都配备了其他类型的安全装置来保护用户。

STEL 8K. 设计用于收集技术系统数据的方法。例如，设计用于检测水质或空气质量的设备，设计用于评估精准度或速度的性能测试，设计用于分析材料强度和耐久性的破坏性测试等。

STEL 8L. 解释所收集信息的准确性。判断收集的信息是否有用需要建立具体的评判标准，这对于作出判断很重要。有时，准确性很容易判断，例如，从水质测试仪等物理测量仪器中直接获取信息。但有时，信息的准确性可能很难判断，例如，当基于公众观点进行评估时，结果会因群体的差异而有所不同。

STEL 8M. 使用仪器收集日常产品性能的数据。学生应该利用已有数据做出更复杂的技术评估决策。例如，监测光伏系统输出的功率可以帮助学生确定该系统是否根据其额定输出正常运行。

9~12年级

当学生高中毕业时，他们应该能够使用和维护各种类型的产品和系统，这种能力是技术与工程素养的关键要素。部分学生可能对技术或工程产生了浓厚的兴趣，培养了较强的能力，并准备在该领域继续深造。学生应该能够清晰表达和交流他们对技术与工程产品和系统的想法。

学生应该能够掌握诊断、检修、分析和维护系统的技能。这些能力对于保持系统良好的工作状态至关重要。学生应该了解预防性维护计划的重要性，除了学习如何进行故障检修外，还应参与研发(R&D)。

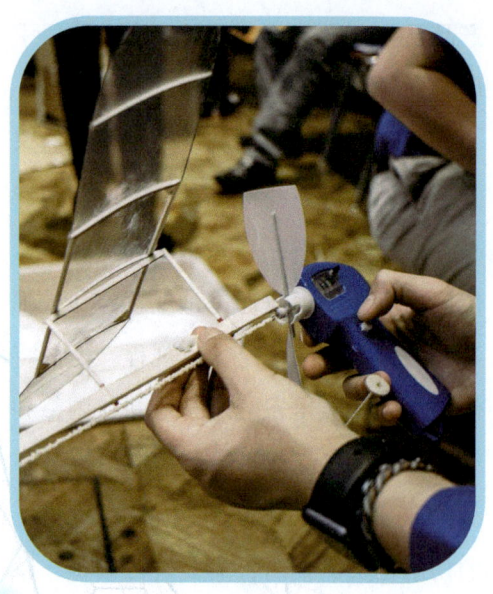

正如其他年级段所强调的那样，安全和有效地使用工具和机器是培养技术与工程素养的重要组成部分。学生应该被赋予很多机会使用各种工具，以检索、监测、组织、诊断、维护、说明和评估数据和信息，然后利用这些数据解决技术问题。在产品设计和制造的所有阶段，都要求学生安全地使用工具。

学生将学习如何整合数据，并以此来设计和控制技术系统。收集和整合数据对于做出明智的技术决策非常重要。例如，对购买某产品或系统感兴趣的人可能会研究同类产品的市场表现，还可能会研究这些产品是否具有明显的发展趋势。某一特定产品市场份额增加的原因在于它比竞争对手运营得更好？还是成本更低？是否越来越多的人在抱怨产品质量不行？一旦被收集的信息积累到了一定的数量并得到了评估，就到了最后一步，即确定使用该产品或系统是否合适。在做决定时，学生需要了解技术发展的利益和风险、成本、限制、潜在可能，以及正面和负面影响。

在理解如何使用和维护技术产品和系统方面，9~12年级的学生应该能够：

STEL 8N. 使用各种方法交流使用、维护和评估技术产品和系统的流程和程序。此类方法的范例包括流程图、图示、图表、符号、电子表格、坐标图、时序图和网页等。受众可以是同龄人、教师、当地社区和企业成员，以及全球社区成员。

STEL 8O. 开发面向市场的设备或系统。 对政府或工商业感兴趣的特定主题所进行的研究能带来关于某一主题的更丰富的信息。同时，在很多情况下，还能为创造发明或创新提供信息。研发则是为产品或系统的最终生产做准备。这类产品的开发往往需要具有不同背景的团队成员的持续投入与支持。

STEL 8P. 应用适当的方法来诊断、调整和维护系统，以确保系统精确、安全和功能正常。 许多消费品都需要遵循联邦和州法律的规定的安全使用信息。学生需要学会使用工具进行诊断、调整和维修。监测系统运行状况、调整系统部件，以及定期进行系统维护，是保持系统正常运行和安全的一部分。

STEL 8Q. 综合数据并分析趋势，以做出有关技术产品、系统或流程的决策。 演绎思维和综合技能在这一过程中会有所裨益。学生应该考虑历史事件、全球

3

趋势和经济因素，应该评估和考虑如何控制技术发展所引发的风险。

STEL 8R. 解读技术评估结果如何指导政策制定。 法律、规章制度和政策决定了技术的发展和使用。学生应该以逐渐复杂的方式理解技术评估如何影响政策制定。

第 4 章

技术与工程实践

当学生掌握了《技术与工程素养标准》核心标准定义的知识、技能和价值观时，他们将反复进行和技术与工程活动相一致的一系列行为。资料显示，这些行为被称为"实践[①]""工程思维习惯[②]"和"21 世纪技能[③]"等。

[①]《新一代科学教育标准》（Next Generation Science Standards）（2013）

[②] 美国国家工程院（National Academy of Engineering）（2019b）

[③] 21 世纪技能联盟（Partnership for 21st Century Skills）（2019）

4

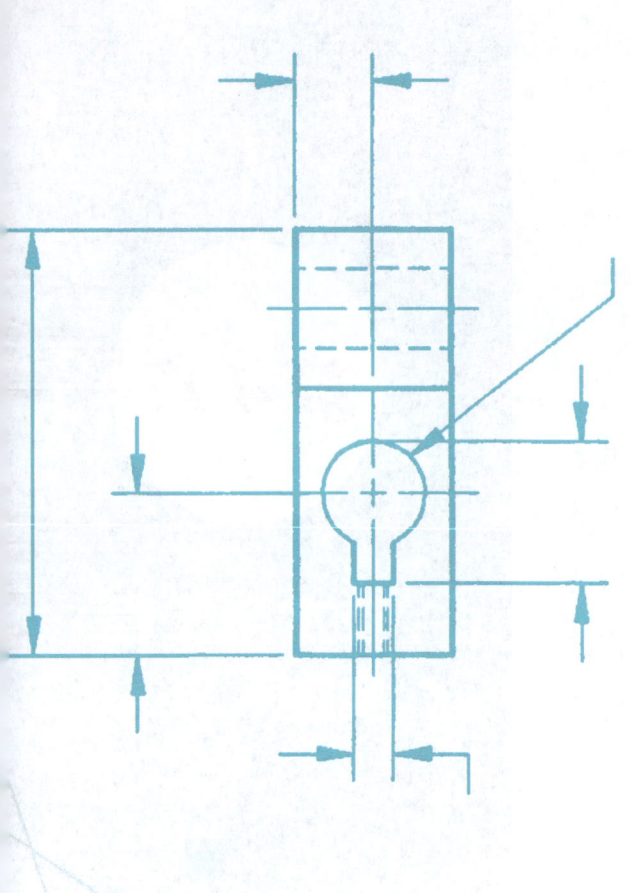

应用于技术与工程教育情境的技术与工程实践（Technology and Engineering Practices，简称 TEP，包括能力和价值观）是学生成功的基础。技术与工程实践帮助学生参与用以满足人类需求和愿望而设计的产品、系统和流程。参与技术与工程实践是技术与工程素养的重要组成部分，它能帮助学生熟练掌握技术的使用方法，并使其获得设计能力和解决问题的能力。正如第 1 章所述，技术与工程和科学、数学以及人文学科之间存在联系，因此，从跨学科的角度来看，8 种技术与工程实践同等重要。本章将对 8 种技术与工程实践进行定义，按年级段对每种实践的功能加以描述，为其实施提供指导原则，对每种实践进行概述并提供案例。

8 种技术与工程实践的定义如下：

技术与工程实践 1（TEP 1）：系统思维 是指理解所有技术都包含相互关联的部分，并且这些技术与其运行的环境相互作用。系统思维还指对通用系统模型的理解，该模型由输入、处理、输出和反馈组成。

技术与工程实践 2（TEP 2）：创造力 是指使用调查、想象、创新思维和身体技能来实现目标，如设计目标。

技术与工程实践 3（TEP 3）：动手制作是技术与工程教育区别于其他学科领域的显著特征。学习技术与工程的学生会设计、建模、构建和使用技术产品和系统。无论是通过使用计算机软件、工具和机器，还是其他方法，动觉学习都贯穿始终。

技术与工程实践 4（TEP 4）：批判性思维是指在做出明智决策的过程中所涉及的质疑、逻辑思考、推理和阐述。批判性思维包括分析性思考，分析性思考是技术与工程众多子领域活动的重要组成部分。

技术与工程实践 5（TEP 5）：乐观是指通过试验、建模和调试，不断寻找更优解决方案，以应对设计挑战。乐观反映了一种积极的态度，即坚信在每一个挑战中都能找到机会；乐观还反映了一种坚持，即坚持不懈地寻找解决技术问题的方案。

技术与工程实践 6（TEP 6）：合作是指在应对设计挑战时，有想法、具备相关知识和能力，并且有意愿去寻找和招纳团队成员。

技术与工程实践 7（TEP 7）：沟通在技术与工程教育中可以从两个方面来理解：一是通过沟通来了解技术用户的愿望和需求，从而明确问题；二是通过沟通来阐述和解释在设计过程中所做的选择。

技术与工程实践 8（TEP 8）：关注伦理是人作为社会成员的核心。在技术与工程教育中，关注伦理是指关注技术产品、系统和流程对他人及环境产生的影响。学生在做决策时应评估风险并权衡取舍。

以上 8 种以学生为中心的技术与工程实践同等重要，上述排序不分先后。技术与工程实践能帮助学生拓展知识、技能和价值观，以便成功地将核心学科标准应用于不同的情境领域。为此，课程开发人员和教师应遵循以下指导原则。

技术与工程实践教学的指导原则

所有年级段的学生应在多种情境下使用这 8 种技术与工程实践。这些实践被视为个人技术与工程素养的基本技能，与核心学科标准互为补充并同等重要。《技术与工程素养标准》并未规定如何就这些实践开展教学，而是由课程开发人员和教师自行决定。但是，技术与工程实践的教学不应将每种实践分隔开来进行，而应在各种情境下被反复运用，从而使学生愈加熟练地应用这些实践。

随着年级段（学前至2年级、3~5年级、6~8年级和9~12年级）的升高，技术与工程实践会变得越来越复杂。表4.1按年级段列出了学生应达到的8种技术与工程实践能力水平要求，展示了随着

表 4.1 按年级段划分的技术与工程实践能力水平要求

年级段	TEP 1 系统思维	TEP 2 创造力	TEP 3 动手制作	TEP 4 批判性思维	TEP 5 乐观	TEP 6 合作	TEP 7 沟通	TEP 8 关注伦理
学前至2年级	知道人类设计的产品之间存在联系	知道每个人都有创造产品的能力和方法	学会利用工具和材料完成任务	能参与倾听、提问和讨论	寻找改进技术的机会	学会分享与技术相关的产品和想法	知道人们沟通方式的多样性	知道使用技术会对人类和环境产生影响
3~5年级	能举例说明人类设计的产品之间是如何联系的	能尝试使用新技术，并提出更加完善的策略	能安全使用符合年龄特点的工具、材料和流程完成项目	知道如何解决技术问题	通过"反复改进"来完善设计	能以小组合作方式完成基于设计的项目	发展书面表达能力和口语交流能力	解释技术领域的伦理困境，例如，权衡
6~8年级	能使用系统模型展示技术系统各部分是如何协同工作的	在基于设计的活动中，能提出具有创新性和原创性的想法	能安全、高效地制作技术产品、开发技术系统和流程	能基于证据解释技术决策	能从正反两方面评价技术产品和系统，以确定所需改进处	在基于设计的项目中，能开展富有成效的团队合作	具备高效的专业写作、制图和口语交流能力	理解监管技术的方式及其原因
9~12年级	在设计技术系统或者排除系统故障时，能综合考虑系统各组件之间的关系	能阐述新颖的想法与美学观点	能规范和提升动手制作能力	能基于证据和计算思维，更好地理解和解决技术与工程问题	能以坚持不懈的毅力来面对和解决技术与工程问题	在设计和解决问题的过程中，能关注和适应团队成员的技能与能力	通过书面表达和口语交流，以及数学和物理模型，以建设性的、有见地的方式清晰表达观点	能通过批判性分析，对技术产品、系统和流程的影响与结果开展评估

年级段的升高，学生应如何参与技术与工程实践。然而，不能想当然地认为高年级学生已经掌握了先前年级段所要求具备的能力。同样地，低年级学生可能具备一定的经验，能够胜任给定的、更高水平的技术与工程实践。因此，课程开发人员和教师应使用总结性评价和形成性评价来衡量学生的技术与工程实践能力。

8种技术与工程实践是交叉联系的。因此，孤立地开展某一种实践教学几乎是行不通的。本章中列出的每种实践的背景信息和案例，都试图描述如何整合这8种实践，并说明如何将这些实践应用于课堂教学。

技术与工程实践1：
系统思维

概述

在技术与工程领域中，系统思维是指理解所有的技术都包含相互关联的部分，并且这些技术与其运作的社会和自然环境相互作用。技术不仅仅是产品，还包括在其开发和生产过程中使用的流程和资源，以及技术的使用对其所在的更广泛的社会和环境系统所产生的影响。《技术素养标准》（ITEA / ITEEA）将系统思维定义为"一种全面、整体地看待问题的方法，着眼于整体而非各个孤立的部分。系统思维考虑所有的变量，并将社会特征和技术特征联系起来"。美国国家工程院（NAE，2019b）是这样描述系统思维的："世界是一个由许多其他系统组成的系统。事物以非常复杂的方式联系在一起。为了解决问题或真正地改善环境，工程师需要能够辨别并考虑所有不同的系统之间是如何相互联系的"。这些定义有何共同之处？为什么系统思维被认为是一种基本的技术与工程实践？

系统思维可以促进跨学科学习，这对于 STEM 教育至关重要。若学习技术与工程的学生只关注某个技术产品或技术设计的某一方面，他们就无法通过系统思维形成全局观，从而不能深刻理解他们在课堂上所学或所做的项目。利用系统思维提出整体解决方案需要综合考虑科学、数学、社会、伦理和美学等因素。

通用系统模型是提升系统思维的有效工具，该模型于20世纪80年代在技术教育课堂中首次被提出。尽管该模型结构（输入、处理、输出、反馈）看似

面影响。系统思维的目标是创造出相较于先前更有效、更高效和更有益的技术解决方案。系统思维在技术开发和使用的各个阶段都很重要。

案例

在技术与工程课堂上使用设计挑战是鼓励学生进行系统思维的一种重要方式。关注产品生命周期的设计挑战可能包括开发一款可在托管中心试验的独特玩具。如果学生只是尝试制作一个五颜六色的玩具，则说明他们可能不具备全局观。不同的做法是，技术与工程教师提供一份有关教学重点和形成性评估要点的清单，要求学生辨别、考虑，并反思用户需求、准则和约束条件、生产过程、儿童产品的安全性、伦理，以及通用设计元素。当这款玩具被3岁的孩子（终端用户）试玩时，由于教师的引导中融入了系统思维，学生的理解将更加深刻。

在国际技术与工程教育协会举办的REACH挑战赛中，大学、高中④和

简单，但它准确地描述了对技术的整体考察，而这正是系统思维的特点，它还提出应鼓励学生使用系统思维。**输入**是指考虑创造一项技术所需的材料、资金和能源。**处理**是指检查技术产品或系统是如何制造的，以及其运行要求。**输出**是指首先着眼于技术产品或系统的即时性能（immediate performance），然后再广泛关注其使用所产生的积极和消极影响。**反馈**是指分析产品或系统的处理和输出，并将分析结果纳入产品或系统的运行和可能的改进中，以提高性能或最大程度地减少对用户、社会和环境的负

---

④ 美国的中学（higher school）一般分为3年制初中（junior higher school）和3年制高中（senior high school），但是也有与中间学校等相衔接的4年制高中。在本书中，作者在描述9~12年级时用了higher school一词，鉴于其描述的主要是高中阶段，译者将其译为"高中"。——译者注

初中⑤生团队被要求设计和开发一种自适应或辅助技术解决方案,以帮助行动不便的学生。完成该项目必须具备的系统思维包括:了解行动不便的学生的出行问题,《美国残疾人法案》(ADA)的规定,用户的个人数据及其无障碍需求(例如身高、出行距离),所选解决方案中使用的材料,制作工艺,电源类型(如果使用的话),辅助技术的耐用性,以及对受助者的影响等。技术与工程教师可以通过提问激发学生的系统思维和批判性思维,从而加强所收集的信息与最终决策之间的联系。

技术与工程实践2:创造力

概述

创造力通常指想象力,即"跳出固有的思维模式"并提出独特的想法。在技术与工程领域中,创造力的内涵更为广泛。美国国家工程院(2019b)指出,优秀的工程师在观察世界时,能够发现新模式或想出新的工作方式。这在设计过程中表现得尤为明显,因为工程师必须运用想象力来设计、建模、生产和评估设计的系统和产品。特梅斯(Temes,2019)将工程创造力定义为"彻底且有益地改变技术进步方向的能力,或为某个工程领域的发展带来转折点的能力"(第1223页)。虽然工程常常受限于实际应用和资金问题,但是也有纯粹的工程研究机构,例如爱迪生新泽西实验室(Edison's New Jersey Lab)和贝尔实验室(Bell Laboratories),这些机构依旧利用创造力和创新研发新方法,以满足人类的需求和愿望。华纳(Warner,2000)将创造力定义为"在特定时间,为解决特定问题,以满足特定受众的需要而出现的具有创新性和适宜性的人类行为或过程"(第11页)。此定义表明,在技术与工程活动的情境下,提出

---

⑤ 美国中小学基础学制为六三三制,即小学6年、初中3年、高中3年;也有六六制、五三四制、四四四制以及八四制等。这里的原文为 middle school,意为中间学校,是介于小学和中学之间的一种学校类型,学制3~4年,有别于传统的初中(junior higher school)。本书中的中间学校指美国中小学的6~8年级,鉴于各国学制不尽相同,本书在讨论其他国家的初中(不一定是6~8年级)时,也用 middle school 一词,因此,译者将其译为"初中"。——译者注

一项解决方案，不仅需要独特的方法，还必须满足特定的需求，并让终端用户满意。解决开放式问题（open-ended problems）需要创造性思维，这种思维是独特的，以目标为导向，并能形成多种解决方案。

美国全国教育协会（National Education Association, NEA）在2019年发布的《教育工作者的"4C"指南：为全球社会培养21世纪的学生》（An Educator's Guide to the "Four Cs": Preparing 21st Century Students for a Global Society）中指出，所有教师都应全力帮助学生发展创造力和创新能力。该报告从三方面定义了创造力：

创造性思考

▶ 使用多种创意构思技巧（例如头脑风暴）

▶ 创造新的、有价值的想法（包括渐进性和激进性概念）

▶ 阐述、完善、分析和评估最初的想法，从而使创新性的工作得到改进和最大程度地优化

与他人进行创造性合作

▶ 有效地提出和实施新的想法，并与他人交流

▶ 对新观点和不同观点持开放和接纳的态度，采纳小组的意见和反馈

▶ 在工作中表现出原创性和创造性，并认识到现实世界对新想法的制约

▶ 视失败为学习的机会；认识到创造和创新是一个长期的、循环往复的过程，过程中鲜有成功却常伴失败

创新地实施

▶ 将创意付诸实践，为某个领域的创新做出切实有效的贡献。（美国全国教育协会，NEA，2019，第25页）

在技术与工程课堂上，采用基于设计的动手实践课程是培养学生创造力的理想方式。给学生更多的时间进行头脑风暴以解决开放式问题，以及鼓励个人想法与团队想法的交流碰撞，是培养学生创新能力的两种方式。师生对话应围绕学生对设计的思考和讨论展开，以使他们更深入地参与创意设计过程。

案例

在一门以视频制作为主题的高中课程中，各小组面临一项设计挑战，即制作一则公益广告（PSAs），唯一的要求是广告时长必须为60秒，并且能够清晰地向公众传达一个非营利组织的信息。

首先，由 4 名学生组成的团队要从给定的清单中选择一个组织，包括联合劝募（United Way）、仁人家园（Habitat for Humanity）、Shriners 儿童医院（Shriners Hospital）和红十字会（the Red Cross）等。随后，这些组织的市场总监会被告知，高中生会免费为其制作60秒的公益广告。为了激发学生的创造力，教师展示了一些由专业人士制作的公益广告，这些公益广告因其独特的创意而闻名。教师要求学生利用一周时间进行头脑风暴，并构思出可呈现给组织的方案。学生必须为他们的方案准备脚本，并向相应组织的代表进行演示。学生表示，这个公益广告项目最有创意的部分是提出想法并在现场演示中向相关的组织传达愿景。

第二个关于创造力的教学案例来自三年级的 STEM 课堂。技术与工程教育教师向全班提出了一个设计挑战：学生 3 人一组，利用一个装满各种材料的盒子，设计一种装置来过滤学校停车场的污水，使污水在流入学校蝴蝶园之前得到净化。学生对停车场和蝴蝶园进行了实地测量并将构思可视化。教师提出探究性问题，引导学生创造性地思考能做

些什么。回到教室后，教师给予各组学生充足的时间进行头脑风暴，以思考可能的问题解决方案，并要求他们在自己的工程记录本中记录想法。随后，各组学生使用盒子中的材料来设计并制作过滤污水的装置。在预报有降雨的那天，他们将制作的装置安装在停车场的排水管附近。第二天，这些装置被带回教室进行拆解，并分析其过滤的效果。当课程接近尾声，学生就下一次他们会采取哪些不同的设计展开讨论，他们的创造力在讨论中得到提升。

技术与工程实践 3：动手制作

概述

动手制作常见于许多正式和非正式

的环境中，包括技术与工程教室等教育环境。**制作**是指创造事物的行为；而**动手**则被广义地定义为动手操作的流程，涉及设计、建造、操作和评估技术产品和系统。动手可以包括一系列活动，如建模、编程、使用工具和设备、制作演示材料等。

动手制作自始至终是技术与工程教育的基本组成部分。以往，技术与工程项目中的动手制作强调制作出预先设计好的产品，关注工业技能的发展；现在则强调针对开放式设计挑战提出创新的解决方案。开放式设计挑战的本质是允许学生使用多种方法创建解决方案。在开放式设计挑战中，学生可以根据最终用户的需求、设计约束条件，以及其他准则来不断优化解决方案。此外，通过开放式的设计挑战，学生可以提出创造性的解决方案，并以独特的方式使用材料和制造技术。向开放式设计的转变，使技术与工程教育者可以更好地整合其他学科内容，同时，还能培养学生的高阶思维和设计技能。这种转变也有利于整合《技术与工程素养标准》的核心概念、实践和应用。

儿童天生具有好奇心，这驱使他们"沉迷于"探究设备的工作原理，寻求完成任务的新方法。当学生在参与开放式的动手制作实践活动时，他们会经历与科学家、技术专家和工程师解决现实世界问题相似的过程。对培养学生的终身技能而言，参与设计的过程比最终结果更为重要。动手制作的本质是恰当地使用材料和工具。教会学生如何在动手制作的过程中安全地使用工具和设备，可以在提升学生能力的同时，培养他们的自主性与独立性。此外，安全地使用工具并学习如何恰当地使用材料也是科学家、技术专家和工程师的真实实践过程（Love，2017；National Academies of Sciences, Engineering,and Medicine，2019；NGSS Lead States，2013c）。技术与工程教育者在教授安全使用工具和材料前，需接受专门的培训并具备相关专业知识。因此，他们在促进STEM教育的动手制作方面发挥着不可或缺的作用。

安全地动手制作既是技术与工程教育的核心，也是技术与工程教育区别于其他内容领域的标志性特点。此外，在模型制作和原型设计阶段进行动手制作是技术设计的特征，也是技术与工程设计和其他设计的主要区别（Hailey，

Erekson、Becker & Thomas，2005；Kelley，2010）。技术与工程教育者所设计的动手制作实践教学活动会不断变化。这种变化在制造应用领域尤为明显。最初，这些领域中的动手制作包括学习如何安全地使用电动工具和设备。后来，学生还要学习利用计算机生成设计方案，以及为数控或自动化设备编程。随着技术的进步和工艺流程的改进，专业实践活动不断变化，技术与工程教育也随之不断发展，以促进学生对这些新兴实践活动的掌握。

技术与工程的学习、设计和应用需要使用五类模型，这些模型代表了动手制作实践活动。五类模型包括：以思想和概念形式存在的*概念*模型，探索数量、精度和关系的*数学*模型，诸如草图、图形和图表的*图形*模型，表示质量、形态和功能的*实物*模型和原型，以及模拟设计和系统性能的*虚拟*模型。建模的广泛使用是技术与工程教育有别于当前学前至12年级学校其他学科领域的另一特点，也是学生发现这些课程如此有意义的原因之一。

学生在动手制作过程中，可能会使用到本章定义的8种实践能力。他们在设计或构建产品时，会进行系统思维（TEP 1）。他们会利用创造力（TEP 2）和批判性思维能力（TEP 4）对状况或问题的要求进行分析，并在设计解决方案时关注伦理因素（TEP 8）。学生在低年级就能意识到，在与他人合作（TEP 5）并吸取他人的长处和观点时，他们的设计往往会有所改进。当学生取得成功时，他们会对自己在课堂和社会中发挥作用的能力充满信心。知道自己能成为成功的问题解决者后，他们的责任感也会油然而生，进而寻找更多的解决方案以满足社会需求。

案例

在国际技术与工程教育协会的"梦想之旅"（Dream Ride）课程以及初高中的技术学生协会（TSA）活动中，均有 GoBabyGo Style 这一 STEM 项目。GoBabyGo Style 项目旨在让学习技术与工程的学生为行动不便的幼儿制作改装车。各组学生可选择设计和制造一种适用于图书馆、日托中心或其他公共场所的改装车，也可选择为个别儿童量身定制更复杂的改装车。改装车是一种辅助技术（assistive technology），学生致力于解决实时的、现实世界的问题，从而对这些改装车进行定制。学习技术与工程的学生和学习其他学科的学生的差异在于，前者将设计安全地转换为最终产品，而后者仅采用理论方法来解决问题。GoBabyGo Style是一个动手和动脑的项目，它有助于学生理解多样化需求、人体工程学（ergonomics）和相关技术组件的应用。

在20世纪的工业艺术时期，一项常见的传统活动是搭建鸟巢。教师为学生提供一系列计划和规范性指南，以达成同样的结果（即基于项目的学习）。尽管搭建鸟巢的活动涵盖了动手制作的各个方面，但它忽略了设计思维（design thinking）这一核心因素。如果基于设计开展该项目，其过程就会有所不同，过程中会整合其他内容领域、促进高阶思维能力，以及考虑重要的背景信息来指导设计（即基于问题的学习）。各小组的任务是研究当地鸟类的特征，特别是要了解这些鸟类对于栖息地的喜好。根据这些信息，他们面临的挑战是，既要考虑所选鸟类的生存环境和生物学特征，又要在一定的尺寸范围内设计一个鸟巢。最终，确定好解决方案后，学生需要能够表述鸟巢的关键特征、鸟巢是如何满足所选鸟类的需求，以及鸟巢的环境效益如何。学生必须谨记，成功的技术解决方案要考虑终端用户（即便是鸟类！）的需求。

除了让学生通过手工工具和电动工具搭建鸟巢，还可以让他们使用3D设计软件来开发虚拟模型，然后，学生可以使用计算机数字控制（CNC）设备编写制造代码。学生还要面临进一步的挑战，即设计一个带有标签或具有可拆卸清洁功能的鸟巢。学生还可以添加微控制传感器（microcontroller sensors），通过编程来提供反馈或收集鸟巢的使用数据。最后，学生可以设计一张海报，宣传鸟类的习性和对栖息地的需求，并介绍他们所设计的、符合鸟类需求的鸟巢的特点。尽管在这个拓展案例中，部分鸟巢作品可能会与1950年设计的鸟巢有相似之处，但该案例也表明，学生经历动手制作的过程，对于他们思维水平和跨学科整合能力的提高至关重要。

另一个案例是在STEM教学中流行的硬纸板椅设计挑战。过去，学生通常是根据事先设计好的图纸来制作家具。在硬纸板椅设计挑战中，学生的任务是设计一把外形美观的椅子，使用最少的

纸板来支撑一个中等身材的儿童或成人。纸板是他们可以用来制作椅子的唯一材料。学生必须探究和应用以下内容，包括结构设计、材料特性、美学、人体工程学等。通过这种更加开放的方法，学生会使用具有高性价比的材料，运用高阶设计思维能力，并在动手制作中融入更多的STEM理念。

技术与工程实践4：
批判性思维

概述

现如今，让所有人都发展批判性思维能力比以往任何时候都更为重要。无论在家里，还是在工作场所，人们都必须能够对证据和观点进行比较和评估，以做出明智的决策。这需要判断信息的价值和准确性，并评估所得出结论的可靠性。在工作场所，雇主希望雇员能系统地思考重要问题、收集并分析数据和信息、遵循领域的标准、适应上级的决策，以及运用有效的沟通方法应对复杂情况。批判性思维有利于使用更优的方法来组织、实施和评估家庭和工作中的行为。

在教育领域，学生批判性思维的培养主要是通过在教学过程中采用批判性思维提问来实现。教师应在开放式和探究式的环境中，提出发人深省的问题，从而引发更持久、更详细的讨论。"高质量谈话"是一种策略，即提出真实情境下的问题后，学生必须使用合理的措辞和充分的说明进行回答。在学生分组进行调查并提出解决方案时，教师也可鼓励学生使用"高质量谈话"。

几乎在每一门学科的课堂中，批判性思维的实践都得到了发展。在语言艺术中，批判性思维可能意味着深入研究文学作品的可能内涵。计算思维常与计算机科学领域相关联，是指运用批判性思维和合理推理（informed reasoning）来解决问题和设计系统，包括计算机软件。

4

无论在哪一门学科中，批判性思维都涉及高阶技能的运用，如分析、评估和综合。

在技术与工程课堂中，教师通过精心选择项目来提升学生的批判性思维能力。最有效的项目往往是集中在基于设计的学习上，需要解决真实的、不明确的、开放的问题。学生必须系统地寻找替代性解决方案，批判性地审视问题和解决方案，从初步的解决方案中分析结果，并为呈现和解释解决方案做好准备。学生对技术问题的辩论可以引发其对技术影响的深度讨论。案例学习可以引发学生深度学习和加深理解。通过教师精心设计的提问，学生可以从运用收敛性问题提取已有知识，转向运用发散性问题获取新的知识。

案例

在一堂八年级的技术与工程课上，教师以无人驾驶汽车为主题，组织学生讨论技术的影响。在课堂导入、指导个人和小组开展实践活动，以及总结等各环节中，教师均向学生提出一些可引发批判性思考的问题。其中的一些问题如下：

▶ 无人驾驶汽车的使用将会影响哪些日常活动？

▶ 你为什么认为在未来的某个时候无人驾驶汽车会很常见？

▶ 如果无人驾驶成为了常态，制造商停止生产人工驾驶的汽车，将会产生哪些影响？

▶ 为实现无人驾驶，还需要哪些新的发明？

▶ 无人驾驶汽车的出现会给制造业带来哪些影响？汽车的外观会因此而改变吗？

▶ 如何保证道路和行人的安全？

学生需要提出自己的批判性思维问题。对问题的讨论引出了一项活动，即学生对自动驾驶汽车进行编程，使其绕过障碍物。测试成功后，他们可以评估在编程过程中遇到的挑战，并讨论这些结果如何应用于无人驾驶汽车的研制。

第二个案例是，一位高中技术与工程教师要求学习技术基础（Foundations of Technology）课程的学生扮演一位著名的技术发明家。学生必须探究以下内容：发明家的生活和工作环境，他曾面临的特殊难题，以及他的发明对社会的影响。学生可以准备班级演讲，并列出一系列具有批判性思维的问题，在角色扮演的过程中和结束后对其他学生进行提问。

第三个案例是,在高中网络安全课上,教师设定了这样一个场景:一家银行的计算机系统遭到黑客攻击。学生需要一起合作,利用计算思维来确定黑客如何入侵、如何阻止黑客入侵,以及如何让银行的系统恢复正常。教师在课堂导入及演示环节提出问题后,本项目正式开始。学生要学会如何在小组中相互提出具有批判性思维的问题,以促进解决方案的提出。教师会巡视、倾听小组讨论。教师根据学生提出的批判性思维问题,使用评分表对学生的参与度进行阶段性评估。当学生开始通过编程来制订对策时,他们的批判性思维提问和讨论将促进解决方案的形成。项目完成后,教师会就各小组的解决方案进行批判性提问,包括还可以进行哪些改进。

机会,并认识到每一项技术都能得到改进的世界观"。美国国家工程院(2019b)提出,"一般来说,工程师相信事物总是可以改进的。只是因为事物还没有完成,并不意味着它无法完成。好的想法可以在任何地方产生,工程的前提是每个人都能设计出新的或不同的事物"。类似地,英国皇家工程院(UK's Royal Academy of Engineering,2014)将*改进*(improving)定义为一种工程思维习惯,包括"通过试验、设计、制图、推测,以及原型制作等不懈努力让产品变得更好"。可以说,改进是技术与工程活动的核心,因为这种实践是推动技术产品和系统成功开发的关键所在。任何技术创造都离不开权衡取舍,需要不断地寻求最佳解决方案。

技术与工程实践 5:
乐观

概述

美国国家工程院(National Academy of Engineering,NAE,2010)将乐观列入六种工程思维习惯之一,并将其定义为"面对每一项挑战都能找到可能性和

从更为细微的视角来看，技术与工程课堂中的乐观精神直接反映了学生追求成功的动机。技术与工程设计挑战需要奉献精神和专注力，以提出令人满意的解决方案。当学生凭借坚持不懈或"毅力"持续解决问题或应对挑战时，乐观精神就此形成。

实现"相信技术与工程能让生活变得更美好"这一愿望，必须要依靠批判性思维（TEP 4）和关注伦理（TEP 8）来调节。树立"技术与工程可以改造世界"这一信念，就不应遏制批判性分析，也不应局限地或简单地看待技术与工程的作用。这反映了系统思维（TEP 1）的重要性——以全局性的观点看待技术活动。

乐观（或改进）是技术与工程实践能力之一。要培养学生的乐观精神，可以让他们了解先前发明创造的研发细节、使用结果等。在开放式设计挑战中，教师应鼓励学生更深入地探究，以改进设计解决方案，而不是只关注最初的想法。在课堂教学的重要环节中，教师可以给予学生支持、提醒和辅导，以帮助他们成功完成任务，建立自信。教师还可以鼓励学生进行以下反思：明晰哪些策略是成功的，解决问题时遇到了哪些困难。此类元认知活动有利于学生站在思考者和学习者的角度，对自身能力进行批判性反思。

案例

在中学技术教育课上，教师提出了一个项目，给予学生多种机会来展示他们乐观和坚持不懈的态度。教师向各个3人小组提出了一个开放式问题，即开发一个不使用电力但能防止水流失的城市农业系统。各小组通过头脑风暴，提出了建设屋顶农场这一解决方案。在学生即将完成设计时，教师宣布各小组不再继续自身的构思，而是分析其他小组的构思。教师将这一解决问题的方式作为一次教学的机会。在开发阶段结束后，教师要求各小组使用其他小组的开发方案来构建一个农业系统的比例模型。为了让学生认识到乐观和坚持不懈的重要性，教师在结束时组织了公开讨论，请学生对这一过程进行反思。这一适合中学生的项目由麻省理工学院开发。

第二个案例是一个在高中阶段开展的活动，该活动侧重于使用科学可视化来说明或分析 STEM 概念。从选择 STEM 流程开始，学生就必须解释清楚他们的选择和目标受众是合理的。例如，一名学生选择了在涡轮机中将机械能转化为电能这一过程，目的是向中学生展示涡轮机如何将水能或风能转化为电能。该生必须研究这一转化过程，并学习用计算机硬件和软件工具来可视化这一过程。成功制作一个产品需要考虑色彩（color）、运动（movement）、视角（perspective）等属性。通过对同龄人（高中生）的测试，以及对目标受众（中学生）的最终测试，学生将继续完善项目，直到实现有效的可视化。

技术与工程实践6：合作

概述

合作是指与一个或多个人为实现共同的目标而一起工作。人的一生会面临不同的挑战，有些是普通的，有些则较为困难。我们常常意识到，凭一己之力难以解决这些问题，因而需要他人的帮助。有时，我们也可能会意识到，要获得令人满意的结果离不开多种观点，因此需要寻找具有不同领域知识和专业技能的合作者。

以《STEM[4]：合作促进变革的力量》（Advance CTE et al., 2018）为例。德州仪器（Texas Instruments）是一家颇具影响力的大型技术公司，该公司为美国STEM教育的现状感到担忧，认为美国STEM教育在为学生选择大学专业和确定职业发展方向方面做得不够（Advance CTE et al., 2018, 第1页）。于是，公司召集STEM领域的专家，并联合他们编写了《STEM[4]：合作促进变革的力量》，该文件指出"需要系统地改变STEM政策和实践，以服务于全美儿童，缩小教育差距，解决系统性不公平问题"（第6页）。生涯技术教育协会、国家数学督导协会（Association of State Supervisors of Mathematics）、国家科学督导委员会（Council of State Science Supervisors）、国际技术与工程教育协会和德州仪器公司合作完成了《STEM[4]：合作促进变革的力量》。如果没有这种通力合作，《STEM[4]：合作促进变革的力量》这份重要的指南就不会问世。

合作是一项可以习得的技能。教育工作者认为，"合作在我们的课堂上必不可少，因为在我们的公共生活和职业生活中，合作是完成工作的内在本质"

（NEA，2019，第19页）。入学前，学生可能从未有机会开展小组合作。挑战在于确保学生能认识到，即使他们可能不认同他人的观点，但这些观点同样是有价值的、应当被考虑的。团队合作应充分利用团队成员的想法、背景知识、技能和价值观来完成任务。因此，提出更多的想法和进行更多的批判性分析，有助于设计活动和其他类型的活动取得成功。

技术与工程教室和实验室让学生能够有独特的机会通过共同努力来应对设计挑战。通过动手实践解决现实世界中的问题是技术与工程教育的基础。在技术与工程教育中，团队合作很普遍，但可以扩大合作范围。学生可以从小组活动中受益，尤其是对于那些项目合作经验有限的学生而言，更是如此。因此，要考虑到所有的观点，公平地分配工作量，促使小组成员形成团队责任感。合作也可以通过扩大小组成员的方式来加强，如招纳其他班级的学生来引入其他学科领域的观点。远程会议工具使人们重新思考课堂的边界是什么，使邀请来自其他地区和国家的合作者成为可能。

案例

合作活动的案例意在阐明，如何让学生彼此沟通以学习团队精神和如何开展团队合作。学前到2年级的学生既要关注团队沟通活动，也要学习团队沟通策略。对于低年级学生而言，团队合作是一件"新事物"，因此，帮助他们理解自身在团队中所扮演的角色是一项挑战。一项活动可能只是简单地要求学生彼此沟通以解决一个简单的技术问题。然后，各小组将对该问题展开讨论，并向全班报告他们是如何合作解决这个问题的。

一门高中技术的高级应用（Advanced Applications in Technology）课程在一个大型主题公园附近开展。该主题公园宣布要拆除原先的建筑，并在原址上安装一座新的过山车。技术与工程教师借此机会，创建了一个新的设计项目，即让学生分组设计和建造符合该游乐园主题的过山车模型的关键部件。负责该项目的工程师向学生介绍了过山车设计中涉及的内容。学生们设计了以狂野西部为主题的过山车，过山车的最后一段穿过黄金矿区、西部小镇，轨道的最高点是霍皮部落台地（Hopi tribe mesas）。团队合作建造了一个过山车模型，该模型使用了易弯曲的铁路轨道比例模型和定制的过山车模型。项目完成后，各团队再次邀请主题公园的工程师来讨论和评判此项目。

技术与工程实践 7：
沟通

概述

沟通是我们每天都要进行的活动。为了在社会中生存，人们必须充分表达自己的想法和观点。具备综合的沟通和社交技能，对于人们接收、处理以及向他人传递信息都是必要的。美国国家工程院曾言，在工程设计中，"沟通对于有效合作、理解'客户'的特殊需求和愿望，以及解释和论证最终的设计解决方案是至关重要的"（NAE，2009，第8段）。沟通是人们用来告知、教育、劝说、控制、管理和娱乐的过程。显然，良好的沟通技能是人们在学校和未来职业中取得成功的必要条件。当下，学生必须处理和分析的信息比人类历史上任何时候都要多。他们必须确定哪些资料是准确的，哪些是重要的，以及哪些需要进行回应。除了接收和理解来自他人的信息，学生还必须发展必要的技能，以形成自己的想法和观点，并清楚地表达。

我们一出生就要学习如何沟通。沟通技能是通过经验和重复这些经验发展起来的。学生在接受正式的学校教育前，通过与家人和朋友的互动学会沟通。在教育情境中，教师会在课堂上给予学生新的沟通体验。很有可能，进入学前班是幼儿首次在复杂或陌生的环境中体验沟通。在学校，学生的目标之一是接收并处理来自教师的信息，然后将相关信息应用于自己和他人的生活。学生必须专心听讲，并学会接收和解读所接收到的信息的含义。

学习技术与工程的学生会在教室和实验室里体验解决问题的活动。通常，这些活动需要与他人合作。学生除了要形成独立解决问题的能力外，还应学会如何与他人交流自己的观点和问题解决方案。在小组活动中，每位学生都应倾听他人的意见，通过语言、图纸或模型等方式表达自己的想法和观点，然后对共享的信息展开讨论，以解决问题。通常，学生还必须准备正式的演示来解释他们的工作，演示的形式可以是借助图纸或模型等完成的技术报告和口头演讲。

案例

在以迪士尼《玩具总动员》电影为背景的一项小学设计挑战中，学生需要设计一个装置来帮助玩具家族从冒险之旅中返回家园。各小组利用各种各样的资源，来设计并建造可以将玩具安全送回玩具架的装置。学生在活动后反思他们在小组内使用的沟通方式和决策方法：达成共识、少数服从多数或听从最大声音的见解。在小学阶段的小组合作中教授学生沟通方式，有助于他们在初中及以后的学习中掌握更有效的沟通技能。

第二个案例是技术学生协会（TSA）组织的有准备的演讲比赛活动（TSA,n.d.），该活动旨在培养高中生的沟通技能。学生需要学习如何向观众呈现信息以交流事实和观点。他们基于当年技术学生协会会议主题的音频和（或）视觉增强效果，准备并发表口头演讲。每位学生都特别注重开场白的趣味性和感染力。他们的演讲必须清晰且有条理。学生的舞台表现也会被评价，评价内容包括个人仪表、风度、姿态、态度、气质和自信心。学生必须展示出正确的语法、准确的发音、清晰的吐字和洪亮的声音。最后，学生需要对收集到的信息进行汇总并得出结论。所有学生都完成演讲后，会开展课堂讨论。讨论的重点可以是收集、整理和组织信息过程中遇到的挑战，何种表现形式能最有效地传达信息，克服当众演讲时害羞的策略，以及成为出色的公众演讲者的重要性。

技术与工程实践8：
关注伦理

概述

幼儿的伦理教育始于家庭、游乐场、日托中心等场所。他们会学习分享玩具、尊重他人以及明辨是非。此外，他们还会了解违反规则的后果。这些经验教训和教导一直持续到小学及以后。尽管到了初中和高中，学生对这些信息可能会有较多的抵触心理，但社会的运行必须依靠所有公民在做出决策和与他人相处时都遵守伦理规范，这是社会稳定的基础。不同文化间的伦理规范可能有所差异。例如，在一些国家，人们通常会将捡到的钱包交给警察，然后归还给失主。而在其他文化中，此类事件可能不会发生。

教师需要帮助学生学会有效的小组合作方式，并尊重有特殊需要或与自己不同的人。教师可以为学生朗读选定的书籍，如苏斯博士故事（Dr.Seuss stories），强化学生尊重他人和环境的观念。在社会研究课中，撰写关于负面历史事件及其后果的书面报告，有助于学生了解家庭和自我世界之外的事物。教育和现实生活中的伦理包括正直、守信、诚实等标准和价值观。教师应公平地对待学生、尊重学生的差异、不挑剔学生，为学生树立良好的榜样。相应地，学生也应该尊重教师，并遵守课堂规则。当课堂规则由学生和教师共同制订时，这一目标更容易实现。

任何由技术专家和工程师设计的技术或系统，都应评估其对人类、社会和环境的潜在影响。有时，意想不到的后果和影响在生产和销售后才会出现。此外，这些影响可能会对不同的群体或地域产生不同的影响，这使得后果预判更具挑战性，但也增加了其重要性。美国国家工程院（2019b）将这种对技术与工程设计的伦理关注称为"责任心（conscientiousness）"，它关注工程师在其工作中考虑伦理问题时表现出的责任感。随着跨国公司的架构更加全球化，学会尊重不同文化背景的人并与其合作变得越来越重要。

在技术与工程课堂中，学生应了解，对解决方案过度乐观可能会导致工程师陷入道德困境。通过讨论选定的案例，学生可以更好地理解一项技术可能对个人和环境产生不同的影响，这有助于他们批判性思维的发展，并提供足够信息帮助其做决策。学生需要学习如何使用风险分析、技术评估、成本效益分析和决策图等技术。任何技术想要真正地实现高效，都不应仅仅满足于完成设定的眼前的任务，还应该不断进行优化，在实现必要功能的同时，尽可能减少对用户和环境产生有害影响。

案例

在一项小学课后活动"STEM 女孩俱乐部（Girls in STEM Club）"中，5 年级的女孩们进行了实地考察，接待了作为演讲嘉宾的女工程师，并参与了工程项目。该俱乐部旨在促进性别平等，并呼吁更多的女孩未来从事 STEM 职业。女孩们目前正在进行的是"特殊移动需求项目（a Special Needs Mobility Project）"，她们需要设计并建造一个纸板装置，以帮助行动不便的学生在一间普通的小学教室中移动，她们还需要演示解决方案。该项目要求女孩们权衡众多伦理因素，包括性别平等、尊重特殊学生，以及测试其设计产生的影响。

在一门高中技术的高级应用课程中，指导教师登录 www.ePALS.com 网站，想寻找一名国外的技术教师，共同为学生策划一个跨国项目。一位日本教师对该想法表现出了兴趣，并开发了一个项目，组织各小组学生共同完成国际空间站（International Space Station，ISS）的比例模型。这项工作是通过 WebQuest 网

站完成的，每个团队包括两名美国学生和两名日本学生，分别负责国际空间站模型的不同组成部分（生活区、电源、实验舱和控制区）。为了让学生深入参与，教师要求他们为青少年设计国际空间站科普模型。双方会不定期举行远程电话会议，展示和讨论遇到的瓶颈并推动项目按时完成。美国学生完成轻木比例模型（balsawood scale model）后，模型被运往日本进行喷漆。随后，8 名学习技术教育的美国学生前往日本，组装该国际空间站轻木比例模型。这是日本津市三重学园高中（Mie Gakuen High School in Tsu City）举办的大型媒体活动的一部分。该项目实现了许多关注伦理的目标，主要是学习尊重不同文化并与不同文化背景的人进行合作。

教授 8 项核心学科标准最适合的环境是技术与工程实验室–教室，并配备一名具有资格证书的技术与工程教师。技术与工程教室和实验室的建设很大程度上会因项目所在学区、地区、州、国家的不同而有所差异。在《技术与工程素养标准》中，这些环境统称为技术与工程情境。

第 5 章

技术与工程情境

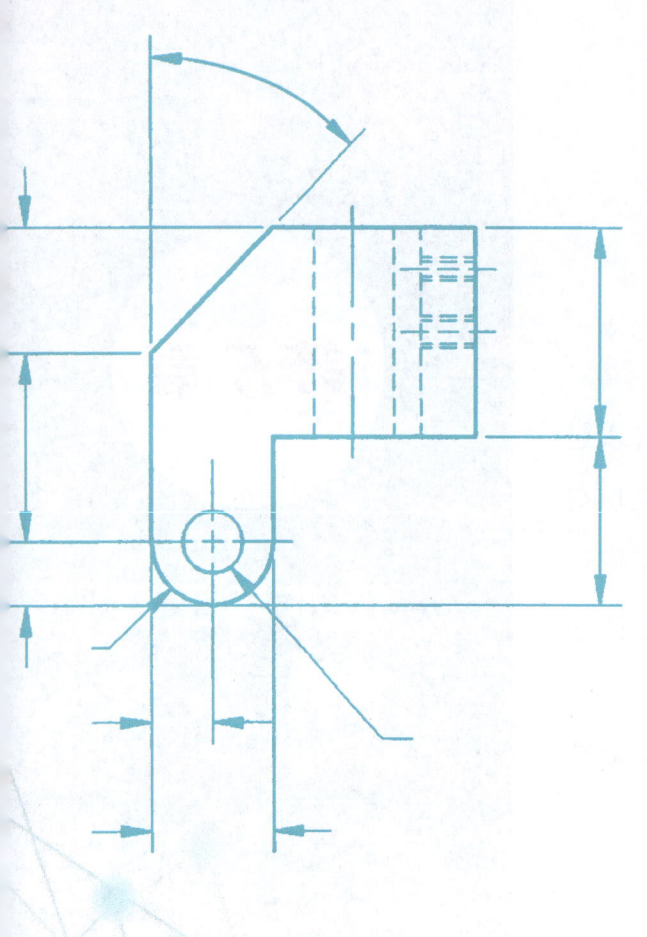

学科情境不一定指特定的课程或项目。大部分学科情境可能以技术与工程课程或核心课程中的单元形式出现，或者以实地考察、博物馆的工程挑战、图书馆的创客空间，以及学生组织（例如，技术学生协会，TSA）的活动、竞赛或全州性STEM组织的形式出现。

技术与工程情境（Technology and Engineering Contexts，简称TEC）包含了八大领域，大体上囊括了技术活动的范围。当前，大多数技术与工程课程都属于以下一个或多个领域：

技术与工程情境1（TEC 1）：计算、自动化、人工智能和机器人

技术与工程情境2（TEC 2）：材料转换与加工

技术与工程情境3（TEC 3）：运输与物流

技术与工程情境4（TEC 4）：能源与动力

技术与工程情境5（TEC 5）：信息与通信

技术与工程情境6（TEC 6）：建筑环境

技术与工程情境7（TEC 7）：医疗与卫生相关技术

技术与工程情境8（TEC 8）：农业和生物技术

本章将详细描述以上8类技术与工程情境，将其与核心学科标准相关联，并探讨如何展开教学。技术与工程情境是教授、应用核心学科标准和技术与工程实践能力的载体。

本章所描述的每个情境均包含：

🔸 技术与工程教育以及STEM教育中的情境描述。

🔸 各州/省或国家课程提供的课程样例。

🔸 美国和其他国家关于如何将各年级段的基准与课程、项目、课程目标，以及技术与工程实践联系起来的范例。在大部分范例中，可以比较清晰地预料如何使学生使用8种实践能力。考虑到《技术与工程素养标准》的目标，每个范例只涉及一种实践的应用。这些范例都是独立的，并不是为了在学前至12年级整个阶段贯穿某个特定主题。

在实施《技术与工程素养标准》时，学生和教师应主要关注核心学科标准和基准，其次关注技术与工程实践能力。本章范例中所涉及的课程与项目选自当前国家和州层面的特定年级的课程。由于这些课程名称和活动会随着时间的推移而发生变化，所以使用了通用名称而非具体名称。教师如果需要明确的课程目标，可以参考所在的州/省/国家的课程框架。

8类技术与工程情境为学生提供了丰富的机会去掌握标准中所详述的知识、技能和价值观，以及运用第4章中所叙述的8种技术与工程实践能力。此外，每类情境中都包含了适合该领域的特定知识。例如，在能源与动力情境中，学生将学习能量转换（energy conversion）、能量传输（energy transmission）、功率计算（power calculations）等概念。由于技术活动的范围甚广，且

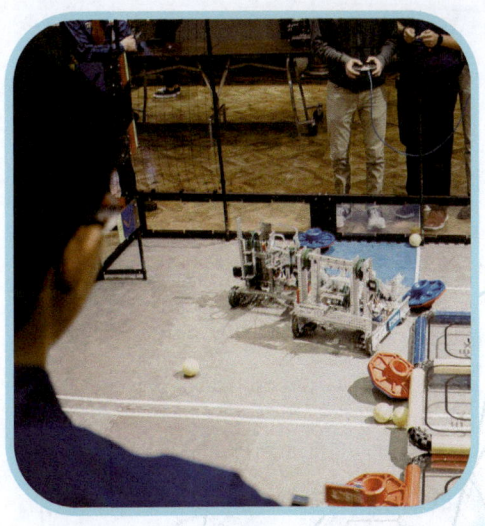

在不断变化，因此，《技术与工程素养标准》侧重于*可应用于任何具体情境的核心知识、技能和价值观*，并以此来提升学前至 12 年级学生多方面的技术素养。然而，必须强调的是，技术与工程活动都需要一定的情境。《技术与工程素养标准》的架构允许各地、各州/省以及国家课程的开发人员根据当地的具体需求、资源和目标，选择最有意义和最合适的技术与工程情境。

技术与工程情境 1：
计算、自动化、人工智能和机器人

概述

计算通常被认为是一个数学过程。计算思维（computational thinking）被广义地定义为计划、解决问题和创造过程中的一种系统性思维方式。在《技术与工程素养标准》中，计算一词用于描述在技术与工程教育中使用了计算思维和设计流程的情境。例如，网络安全（cybersecurity）就是一种与计算情境直接相关的情景。计算由几个要素组成，包括：

▶ 将问题、流程和（或）数据分解成更小的单元

▶ 通过观察和故障排除发现趋势、共性和异常，从而识别出模式

▶ 从抽象的数据中总结一般原则或观点

▶ 设计算法，为完成任务提供流程和方法

▶ 在实际情境中，通过设计、编程、测试和修改等方式来应用算法

在技术与工程教育中，计算思维与物理设备的设计、制造和编程紧密相关，这一过程通常被称为物理计算。虽然其他领域（如计算机科学）也涉及计算思维实践，但技术与工程的独特之处在于，它和物理设备及系统的自动化是紧密联系的，这种自动化或是设计的结果，或是设计的来源，或是通过设计而成。计算在许多领域都有应用，包括但不限于自动化、人工智能和机器人等。其他技术与工程情境也都需要计算思维，特别是材料转换与加工、运输与物流，以及信息与通信技术。此外，计算思维也是大多数技术与工程实践的一部分。

自动化是通过可编程系统对设备和流程进行操作和控制。随着人类对周围

自然世界有了更加深入的了解，自动化促进了机械化流程朝着更快速、更简单、更精确的方向发展。同时，自动化还影响着新技术的创造和现有技术的进步。纵观历史，技术带来了许多积极的和消极的结果，既有预期的结果，也有不可预见的结果，自动化这一技术亦是如此。自动化技术在发展过程中，人们对其褒贬不一。伊莱·惠特尼（Eli Whitney）发明的轧棉机是最简单的自动化形式之一，它实现了棉纤维与棉籽分离过程的自动化。自动化的现代应用案例包括汽车生产和其他制造领域的自动化装配。自动化技术的进步提高了产品的精度和产量，但它减少了过去由人完成工作的岗位数量。因此，工人需要转变角色，接受再培训，学习如何对这些自动化系统进行编程和维修。在指导学生设计这些系统并使其自动化时，教师必须考虑各种因素（例如，安全、维护、效率和权衡）。学生应在本章所述的各种情境中体验基于设计的自动化应用。

与自动化设备类似，人工智能（AI）一直以来也是一个颇有争议的话题。人工智能是指具有类似人类（human-like）的知识和技能的一个人工制造的设备或系统。人类和计算机可使用人工智能收集数据和信息，以改善人类的生活和工作条件。由于人工智能可能对人的行为和习惯等信息进行不适当的跟踪，侵犯个人隐私，所以一直饱受批评。收集到的信息也可以得到有益的应用，人工智能系统通过自动完成每天固定时间的任务，使我们的日常生活更加轻松。例如，恒温器通过预测主人到家的时间，根据当天的外部天气调节室内温度，以提供更舒适的环境。这种方式有助于节约能源，减少不可再生能源的使用，以及降低用电成本。另一方面，这些数据可能被误用于追踪人类行为，造成负面影响。例如，家庭或汽车中的个人助理设备可能会将人们的对话和偏好反馈给相关公司，以便针对个人进行量身定制的营销宣传。学生在开发人工智能系统时，也必须考虑到利益取舍。因此，在开发人工智能应用程序时，设计一种安全措施来保护终端用户只是设计人员需要考虑的因素之一。人工智能通过模式识别和模式复制来应用计算思维。可使用编程、微控制器、电子传感器等工具与方法将这些模式整合到特定技术系统中。

人工智能作为计算思维的应用案例

之一，与学生的生活息息相关。应教会学生运用计算思维技能来识别模式，并使用人工智能及多种技术来设计解决方案，以改进任务。各种情境下用以改善人类日常生活的人工智能案例包括：智能交通信号、用于安全识别和身份识别的人脸识别、欺诈识别、电子邮件过滤和提醒、产品购买推荐、音乐推荐、导航系统，以及智能汽车。

机器人技术一直是技术与工程课程的核心组成部分。近年来，机器人技术及其相关应用取得了巨大进展，并有望继续发展下去。例如，机器人过去通常用于提高制造效率（如装配、数控制造）。机器人技术的进步使其应用领域更为精细化，从而获得更大的效益。例如，用于执行高难度手术的医疗机器人设备。机器人是指能够自动执行任务或者不同程度上由人类直接控制的机械装置。随着机器人技术的不断进步，学生将能够把机器人技术应用到新的场景和情境中，以获得更安全、更精确的结果。机器人工具也可以自动执行重复性或耗时较长的任务。

多种技术和内容领域可以整合在一起来开发涉及机器人技术的先进系统。

机器人系统的设计，以及尽可能安全有效地执行任务的步骤，是本情境的重点。机器人应用案例可包括设计和编程一条小型装配线、用于运输人员和产品的车辆和无人机系统（Unmanned Aerial Systems, UAS）的控制和自主导航、安全模拟应用情境（例如，将人员运送至危险环境前让机器人对该区域进行探测），以及高效农业的实施等。

技术与工程课程

在学前至12年级的课堂上，可以通过多种途径来实现计算、自动化、人工智能和机器人这一情境。许多州和地方学区在初中和高中阶段开设了独立的计算、自动化、人工智能和机器人课程，但这些关键理念也可以介绍给低年级的学生。此外，国家课程开发人员也提供

了有关计算、自动化、人工智能和机器人的课程。以下案例涵盖了适用于不同年级段、属于计算、自动化、人工智能和机器人情境的课程。这些案例展示了《技术与工程素养标准》基准、技术与工程实践，以及技术与工程情境之间的联系。

适用于学前至2年级的"计算、自动化、人工智能和机器人"技术与工程情境

学前儿童可以通过识别技术、数学或科学情境中的模式，并基于已知变量预测这些模式会如何发展或变化，来应用**技术与工程素养标准 3A（STEL 3A）：将技术与工程活动中的概念和技能应用于多个内容领域，以强化跨学科的概念和技能**。这可以在关于玩具和产品的教学单元或活动中完成。这种探索和描述运动的活动使学生开始探索模式——计算思维的基本组成部分。这一案例涉及**技术与工程实践 4（TEP 4）：批判性思维**。1年级学生可以在学习基础电子电路设计和功能时应用**技术与工程素养标准 2A（STEL 2A）：举例说明系统包括哪些部分或组件，以及各部分或组件如何通过协同工作实现目标**。在一门关于光与声（light and sound）的国家课程中，教师可以引导学生追踪简单串联电路（使用开关和电源来控制报警装置，如蜂鸣器）中的电流走向来理解 STEL 2A，这一案例涉及**技术与工程实践 1（TEP 1）：系统思维**。

适用于3~5年级的"计算、自动化、人工智能和机器人"技术与工程情境

3年级学生可以通过学习涵盖编程内容的关于稳定性与运动（stability and motion）的国家课程，来应用**技术与工程素养标准 4F（STEL 4F）：描述技术的有益影响和有害影响**。3年级学生会分辨出生活中的自动化或人工智能技术应用的场景，并会讨论其可能产生的正面和负面影响。为了激发进一步思考，他们在设计使用自动化或人工智能技术的系统时，应该对其影响进行判断并提出可能的解决方案。这一案例涉及**技术与工程实践 7（TEP 7）：沟通**。

5年级学生可以在关于机器人和自动化（robotics and automation）的国家课程单元中，应用**技术与工程素养标准 8E（STEL 8E）：使用适当的符号、数字和文字来传达有关技术产品和系统的关键理念**，来实现对简单微控制器或机器人的控制。学生应能使用图形编程系统

（如blocks）开发一个程序，使用微控制器或机器人执行设定好的任务（例如，当监测到运动时，打开灯或发出蜂鸣声）。这一案例涉及**技术与工程实践2（TEP 2）：创造力**。

适用于6~8年级的"计算、自动化、人工智能和机器人"技术与工程情境

6年级学生可以在一门关于自动化的国家课程中，应用**技术与工程素养标准5G（STEL 5G）：从不同角度评估权衡，将此作为决策过程的一部分，并在这一过程中认识到需要就相互抵触的因素进行审慎地取舍**，来设计自动化住宅。学生需要设计、测试多种依赖于输入和输出的传感器，并将其自动化，以实现无缝交互和室内控制功能，如温度、照明和安全。这一案例涉及**技术与工程实践3（TEP 3）：动手制作**。

在英国的设计与技术（Design & Technology）课程中，6~8年级学生可以应用**技术与工程素养标准2S（STEL 2S）：解释与设计问题有关的决策**。在"了解需求和愿望（Understanding Needs and Wants）"这一单元中，学生将了解需求和愿望之间的关系，并思考人们为什么购买某些产品和服务。假设把学生放到森林里，然后置于海边，接下来要求他们对无法获取现代资源这一情境下的相关问题作出批判性反思和回答。这一案例涉及**技术与工程实践6（TEP 6）：合作**。

当了解了退役军人所面对的各种身体挑战时，8年级学生可以应用**技术与工程素养标准1J（STEL 1J）：开发创新的产品和系统，以解决问题，并根据个人或集体的需求和愿望拓展能力**。中学生参与设计、测试、制造设备并使之自动化，以帮助退伍军人实现某种重要功能。这可以帮助他们实现利用自动化解决方案拓展他人能力的愿望，与此同时，还可以帮助他们应用所学知识，包括传感器、电机、控制器、材料和技术。这项活动旨在"将适宜的人体力学、人体工程学、安全设备和技术整合起来，以避免对患者和用户造成人身伤害"。这一案例涉及**技术与工程实践8（TEP 8）：关注伦理**。

中学生在应对由飞机制造公司赞助的"开发救援机器人"创新挑战时，可以应用**技术与工程素养标准2P（STEL 2P）：创建一个具有反馈路径，且不需要人工干预的闭环系统**。教师可以为学

生构建如下场景：为一个洪水泛滥的地区运送物资并疏散人员。学生需要设计并制造一架无人驾驶飞行器（UAV）或无人机，将货物运送到目的地（可以用乒乓球模拟货物）。学生必须提交初步设计报告。这一案例涉及**技术与工程实践 5（TEP 5）：乐观**。

适用于9~12年级的"计算、自动化、人工智能和机器人"技术与工程情境

在一门关于电子技术的课程中，10年级学生需要设计、构建和控制一个先进的微控制器机器人或自动化系统，此时，他们可以应用**技术与工程素养标准 7DD（STEL 7DD）：将广泛的制作技能应用到设计过程中**。学生应该能够编写程序实现以下功能：控制物体执行预设任务，识别模式，并在模式识别的基础上进行调整（如，设计和编程一个小型装配线，使其可以识别有缺陷的产品，并收集这些有缺陷产品出现频率的数据，以提高装配线生产的产品的安全性和效率）。这一案例涉及**技术与工程实践 1（TEP 1）：系统思维**。

12 年级学生可以在一门关于机器人应用的顶点课程（Robotic Applications Capstone Course）中，应用**技术与工程素养标准 6J（STEL 6J）：调查信息时代带来的广泛变革，该时代强调信息的加工处理和交换**，来识别和预测复杂系统内信息交换的模式。该活动使用了数学公式和算法。例如，检查交通运输系统的路线以及识别交通流量或其他问题的模式，以便将更有效的路线传送到控制器或系统。学生需要考虑如何安全地实现此过程中通信环节的自动化，并做出相应规划。此外，他们还需要了解，为了实现更高效的过程，信息时代是如何提供此类便利的。这一案例涉及**技术与工程实践 4（TEP 4）：批判性思维**。

技术与工程情境 2：材料转换与加工

概述

材料转换与加工是指实物商品的生产过程。这些商品包括厨房用具、电脑、鞋子和网球等产品，以及生物材料等。在过去的一个世纪里，商品的材料转换与加工发生了翻天覆地的变化。在大规模生产的商品普及之前，许多商品都是由个人手工定制的，一次只生产一件。随着标准化零件、流水线和自动化的发展,材料转换与加工发生了巨大的变化。商品首次由于大规模生产而变得廉价,这种效应称为规模经济。随着机器的精度变得越来越高,使用可替换的零件生产更复杂的产品变得更经济实惠。随着众筹、开源设计和可持续发展等新兴模式的出现,材料转换与加工仍在不断发展。

  一切商品都由材料制成,如果没有材料资源,生产将无法进行。尽管每一种材料都可以追溯到一种或多种自然资源,但只有极少数材料能以其自然形态被人类使用。大多数材料必须先经过某种程度的加工,才能用于生产可销售的商品。例如,有些衣服是由棉花制成的,但在棉花可以用来制作衣服之前,必须经过种植、采摘、加工和纺织成布等过程。所有材料都是如此,包括钢铁、木材和塑料。材料必须先加工成标准规格,储存在仓库中,然后再用来制造成品。将材料加工成标准规格的过程称为初级制造。

  商品可分为耐用品和非耐用品。在加工过程中,材料可能会被分离、成形(成型)、组合和处理,最终达到所需形态。在设计阶段,增材制造打印机(additive printers,又称3D打印机)的使用加快了创意变为成品的速度。机器人、计算机控制和自动化装配的使用,推动了加工过程快速而准确地完成。有些行业使用了一种称为准时制(just-in-time,JIT)生产方式的模式,即只在产品有市场需求时,才组织生产和产品交付。这一生产模式旨在减少产品积压,但给供应商带来了负担,因为他们要按需交付高质量零部件和材料。同时,当供应链中断时,可能会造成产品短缺的情况。由此,现代制造业应运而生,建立起了快速开发和生产产品的能力,以开拓新市场或在竞争中保持领先地位。

  产品和项目管理是技术与工程素养的一个常见组成部分,它是一系列特定技能的集合。制造管理包括4项关键活动:计划、组织、指导和控制,还包括研发、生产、营销、劳动关系和财务等一些额外职责。想要成为一名产品经理,必须具备多方面才能,当然还必须精通技术。管理包括对工厂布局的系统设计,以便在制造过程中有效运输材料和库存。制造业也可能涉及持续改进系统,包括精益制造、全面质量管理、六西格玛(Six Sigma)管理等。此外,制造业还受政府和专业协会的监管。

我们生活在一个经济全球化的时代，美国、葡萄牙、日本、中国、马来西亚、墨西哥、加拿大等许多国家制造的产品都在全球范围内销售和使用。公司可能遍布世界各地，研究和设计在一个国家进行，生产、营销和分销则在另一个国家进行。这种全球化要求工人需要具有灵活性，并尊重不同的文化。材料转换与加工技术的发展使我们的生活得到了改善。它增加了就业机会，对经济增长做出了重要贡献，为我们提供了许多提高生活质量的产品。

技术与工程课程

在学前至12年级的课堂中，有很多方法可以用来开展制造技术的教学。学前到小学阶段STEM课程中的活动和单元可以结合核心学科标准来开展材料转换与加工相关的教学。许多州和地方学区都开设了独立的材料转换与加工课程。此外，国家课程开发人员也提供了一些材料转换与加工和工程方面的课程。由于新技术和研究的发展，在这些技术课程中教授核心学科标准是合适的。以下案例涵盖了适用于不同年级段，属于材料转换与加工情境的课程。这些案例展示了《技术与工程素养标准》基准、技术与工程实践，以及技术与工程情境之间的联系。

适用于学前至2年级的"材料转换与加工"技术与工程情境

幼儿园学生会在国家课程某一单元的学习中设计和建造一个鸟巢，在这一过程中，他们可以应用**技术与工程素养标准2A（STEL 2A）：举例说明系统包括哪些部分或组件，以及各部分或组件如何通过协同工作实现目标**。教师可以向学生提问：如果鸟巢没有底部会出现什么情况？如果鸟巢是用纸做的会出现什么情况？你们能否将玩具改制成鸟

巢？为什么鸟类的巢穴大小不尽相同？这项活动涉及**技术与工程实践4（TEP 4）：批判性思维**。

1年级学生在制作一个产生和探测声音的装置（这是国家课程某一单元的内容）时，可以应用**技术与工程素养标准6A（STEL 6A）：讨论历史长河中，技术是如何改变人类的生活和工作方式的**。这涉及单元目标"识别人类在科学技术史上所做的贡献"和**技术与工程实践6（TEP 6）：合作**。

适用于3~5年级的"材料转换与加工"技术与工程情境

在国家课程某个单元的学习中，学生需要小组合作设计一种可以抵御恶劣天气的雪地鞋，3年级学生在这一过程中可以应用**技术与工程素养标准7N（STEL 7N）：练习成功的设计技能**。学生如何在温暖的气候条件下测试他们的设计呢？这一工程和科学探索项目涉及**技术与工程实践5（TEP 5）：乐观**。

4年级学生在一门英国课程中，可以应用**技术与工程素养标准8D（STEL 8D）：按要求完成一项技术任务**，来完成一个名为"宝盒（Treasure Box）"的项目。许多学生都有一些特别喜爱的物品或宝贝。这些物品虽然很珍贵，但价格不一定很昂贵，可以是一块漂亮的鹅卵石或贝壳、一个小玩偶、一个洋娃娃、一枚旧硬币、一粒不寻常的纽扣，一个从旧鞋上取下来的搭扣等，它们通常与美好的回忆有关——一次度假、一次参观、一个幸运的发现，又或是一段友谊。学生面临的难题是，这些物品很容易丢失。解决此问题的方法是设计和制作一个特殊的容器，既能安全地存放物品，又能从外观上反映出内部物品的重要性。学生的任务是找出一件或几件珍贵的小物件，并制作一个合适的"宝盒"。学生可以设计一个八角形的盒子，并利用卡片纸等材料进行裁切、模型制作。完成制作后，他们将对其进行个性化装饰。本单元涉及**技术与工程实践2（TEP 2）：创造力**。

5年级学生将在国家课程中学习如何利用机械设计和计算机编程设计一种在医院里运送物资的自动导引车（automated guided vehicle）。在课程学习过程中，他们可以应用**技术与工程素养标准2K（STEL 2K）：描述设计或制造产品或系统的制约条件**。学生可以先在教室里测试他们的设计，然后到当地医院实地考察，并试用他们最终设计的车辆。这一项目涉及**技术与工程实践3（TEP 3）：动手制作**。

适用于6~8年级的"材料转换与加工"技术与工程情境

在一门关于技术系统（Technological Systems）的国家课程中，8年级学生可以在学习如何维护技术系统时应用**技术与工程素养8I（STEL 8I）：使用工具、材料和机器来安全诊断、调整和维修系统**。系统需要调整和维护，工具和设备必须安全使用。该目标和活动强调材料转换与加工的安全性以及由美国职业安全与卫生管理局（Occupational Safety and Health Administration,OSHA）颁布的学校实验室安全要求。这涉及**技术与工程实践1（TEP 1）：系统思维**。

制造设计过程中有一个环节是排布零件，会用到数学学科的测量知识，初中学生可以在使用英制和公制单位进行精确测量时应用**技术与工程素养标准3G（STEL 3G）：解释从其他内容领域获得的知识如何影响技术产品和系统的开发**。该项目将来自美国的学生团队和来自加勒比地区的学生团队组合在一起，共同为儿童开发一种网球拍。项目中会

使用不同的测量系统，因此教学中涉及单位的转换。这一项目涉及**技术与工程实践7（TEP 7）：沟通**。

适用于9~12年级的"材料转换与加工"技术与工程情境

高中生在学习一门关于计算机集成制造（Computer Integrated Manufacturing, CIM）的国家课程时，可以应用**技术与工程素养标准4Q（STEL 4Q）：评判现有的技术或拟议的技术能否以可持续的方式利用资源**。在这门课程中，学生使用计算机辅助设计（CAD）和计算机辅助制造（CAM）软件设计并制作产品，在计算机数字控制（CNC）铣床上将原材料加工成独特的形状。过程中，学生会将部分讨论侧重于制造过程和工业废弃物处理。这涉及**技术与工程实践8（TEP 8）：关注伦理**。

高中生在学习一门关于增材制造（又称3D打印）和材料（Additive Manufacturing and Materials）的国家课程时，可以应用**技术与工程素养标准5H（STEL 5H）：评估一项因特定社会的独特需求或愿望而产生的技术创新。学生据此来研究先进增材制造中使用的新材料。家庭和学校打印机中使用的混合材料给社

会带来一定的负面影响，引起了社会的抵制，也引起了对材料产品标准和安全措施的关注。这涉及**技术与工程实践8（TEP 8）：关注伦理**。

10年级学生会通过团队协作来设计和使用可编程逻辑控制器（PLC），以控制先前不具备电子控制系统的设备（如玩具汽车），在这一过程中，他们可以应用**技术与工程素养标准8O（STEL 8O）：开发面向市场的设备或系统**。在项目过程中，各组学生将使用控制器进行故障排除，并评估控制系统的整体性能。这一项目涉及**技术与工程实践3（TEP 3）：动手制作**。

技术与工程情境3：
运输与物流

概述

交通运输是人类生活的基本需求之一。交通运输系统把人们送往工作场所，为我们提供方便的购物渠道，让我们与朋友和家人团聚，为我们提供娱乐的机会，并运送着社会上所有的物资（material goods）。

整个交通运输系统是一个复杂的网络，由各种相互联系的组件构成，包括陆运、航运、空运和航天运输。交通运输系统有众多子系统，如高速公路、港口、机场和管道等，这些子系统相互依赖，每个子系统又由更小的组件组成，这些组件本身又相互关联和相互依赖。多年来，人们一直在使用各种交通工具，如轮船、小船、喷气式飞机、直升机、电梯和自动扶梯等。同时，新的交通工具在有限的地区使用，或尚处于实验阶段。

物流是指从原产地到消费地的物品和信息流的管理。物流通常通过数据管理和分析实现数据驱动决策。随着数字计算速度的提高，物流的发展使得交通运输系统能够对数据的变化做出快速反应，这被称为数据驱动的创新周期。在这个周期中，数据的生成和分析提高了交通运输能力和应对意外挑战的能力。城市汽车系统物流的一个案例是，优化交通信号以缓解交通拥堵。物流的另一个案例是将货物从印度的制造基地运输到美国的零售企业。订单必须由能够处理国际关税和规则、信息翻译等事务，并能通过不同配送中心采用不同的运输方式（如铁路、船舶、集装箱、卡车）

进行配送的航运公司来完成。

随着生活和工作变得越来越复杂，交通运输与物流系统变得更加不可或缺。纵观历史，交通运输系统使世界各地更加紧密地联系在一起。例如，20世纪初，一架飞机飞越美国大约需要 26 个小时。现在，得益于技术的进步，同样的行程可以在 5 小时甚至更短的时间内完成。

因为交通是生活中不可或缺的一部分，人们常常将其视为理所当然，或将其看作日常生活中很普通的一部分。随着交通运输的不断发展，社会越来越依赖交通运输方式。无人驾驶汽车通过先进的软件应用程序运送产品和人员。当前，运输技术迅速发展所带来的环境后果和其他影响备受争议。未来，交通运输系统的使用应考虑如何在促进经济发展和支持国际贸易的同时，降低能源消耗和空气污染。

学生在日常生活中会使用各种形式的交通工具，但他们通常只是从交通工具的角度来看交通运输，如汽车、公共汽车、火车或自行车。他们知道汽车在公路和高速公路上行驶，但他们可能不理解公路和高速公路是更大的道路系统的一部分。询问学生"如果某个子系统不工作（或缺失）会造成什么后果"能引起学生反思交通运输系统的相互依赖性。学生应认识交通运输系统的不同子系统（如结构、推进、悬挂、导航、控制和支持等系统），并了解这些子系统是如何协同工作的。

学生对交通运输系统的理解应有所扩展，如了解多式联运概念。联运为运送人员和货物提供了一套有效的系统。学生还应了解交通运输在制造、建筑、通信、健康与安全、娱乐与休闲，以及农业中的重要作用。例如，在动态准时制生产中，货物运输直接依赖于全球运输系统。许多行业所使用的材料和预制部件需远程运输，这些货物会在需要时被运送到目的地（而非作为库存使用），用于制造汽车和制作服装等产品。交通运输系统对准时制生产至关重要，它有助于减少仓储需求和资源成本。

技术与工程课程

在学前至 12 年级的课堂中，有很多方法可以用来开展运输与物流技术的教学。学前到小学阶段 STEM 课程中的单元都可以教授运输与物流的关键理念和核心学科标准。许多州和地方都开设了独立的交通运输课程。此外，国家课程开发人员也提供了一些有关运输与物流的课程。由于新技术和研究的发展，在交通运输技术课程中讲授核心学科标准是合适的。以下案例涵盖了适用于不同年级段的学生在运输与物流情境下的课程。这些案例展示了《技术与工程素养标准》基准、技术与工程实践，以及技术与工程情境之间的联系。

适用于学前至2年级的"运输与物流"技术与工程情境

学前儿童在学习"调查我们的世界"（investigating our world）这一单元时，可以应用**技术与工程素养标准4E（STEL 4E）：设计可以改善日常生活的新技术**。这一标准可以帮助解释交通运输技术是如何帮助他们到学校的。这符合课程目标*"列出有关当地社区或全球问题（热点）和解决方案"*。这一案例涉及**技术与工程实践7（TEP 7）：沟通**。

2年级学生在学习关于材料科学和物质特性（materials science and properties of matter）的国家课程时，会开展一项具有挑战性的活动，即将冰冻饮料从校内运输到校外某个区域，保证其不融化。活动过程中，学生可以应用**技术与工程素养标准3B（STEL 3B）：在技术和人类经验之间建立联系**。学生将了解物质的状态这一科学知识，以及运输易变质食品所面临的挑战。这一案例涉及**技术与工程实践4（TEP 4）：批判性思维**。

适用于3~5年级的"运输与物流"技术与工程情境

3年级学生可以在一项太空飞行活动中应用**技术与工程素养标准7I（STEL 7I）：应用技术与工程设计过程**。在一门关于稳定与运动（stability and motion）的国家课程中，学生会通过飞行活动比较不同运输系统的效率。他们将使用设计流程把救援物资运送至某一地区，物资必须使用飞机进行空运和空投。本项目涉及**技术与工程实践3（TEP 3）：动手制作**。

4年级学生在学习动力（power）单元时会评估公共交通对城镇的影响，此时，他们可以应用**技术与工程素养标准5D（STEL 5D）：确定影响社会技术系统或基础设施变化的因素**。这门国家课程在交通运输维度的教学目标是*"利用证据来解释一个过程的速度与该过程的能量消耗之间的关系"*。学生会对不同动力系统的车辆的效率进行比较，包括太阳能、蓄电池、硬接线电源、燃料电池和燃气动力。这项活动涉及**技术与工程实践8（TEP 8）：关注伦理**。

适用于6~8年级的"运输与物流"技术与工程情境

6年级学生在交通运输基础（fundamentals of transportation）课程中需要描述哪种交通运输方式能最有效地水运指定物，此时，他们可以应用**技术与工程素养标准1J（STEL 1J）：开发创新的产品和系统，以解决问题，并根据个人或集体的需求和愿望拓展能力**。教师可以针对海上运输中可能出现的状况（如，港口起重机被关闭、螺旋桨被表面的塑料碎片卡住、遇到恶劣天气），提出不同的问题。这符合课程目标"*讨论船舶的各种推进系统*"。这一案例涉及**技术与工程实践4（TEP 4）：批判性思维**。

7年级学生在课程中需要阐述无人驾驶运载工具的各个子系统如何协同工作，以使车辆移动、到达目的地、交付有效载荷并返回基地，此时，他们可以应用**技术与工程素养标准2N（STEL 2N）：举例说明系统思维如何考虑各部分之间的关系，以及系统如何与其所处的环境进行交互**。学生可以在设计日志中创建一个矩阵，阐明结构、推进、悬挂、导航、控制和支持等各子系统的功能。这一案例涉及**技术与工程实践1（TEP 1）：系统思维**。

适用于9~12年级的"运输与物流"技术与工程情境

10年级学生可以在关于交通运输（transportation）的课程中应用**技术与工程素养标准（STEL 6G）：验证文明的演进是否受工具、材料和工艺开发与使用的直接影响，反之亦然**。在基于问题的活动中，学生可以评估复合材料的开发和使用是如何提升人们的旅行能力的。学生必须分组来陈述他们的发现，并为他们的结论辩护。这符合课程目标"*描述如何操作能量转换或动力转换设备*"。这一案例涉及**技术与工程实践6（TEP 6）：合作**。

高中生在设计一个嵌有传感器的智能交通运输系统，以实现更安全的出行时，可以应用**技术与工程素养标准8Q（STEL 8Q）：综合数据并分析趋势，以做出有关技术产品、系统或流程的决策**。学生需要在设有障碍的道路上操作他们的自动操作车辆，成功地感知并避开障碍物，最终到达终点。每一个障碍物避让的精度和时间都会被测量。这符合州课程的标准"为运输操作路径课程定义不同类型的过程控制"。这一案例涉及技术与工程实践5（TEP 5）：乐观。

技术与工程情境4：
能源与动力

概述

能量指做功的能力。巨大的能量供应是技术世界的基本需求。虽然能量和动力这两个术语经常互换使用，但两者之间存在本质上的区别，其各自有独特之处。能量是做功的能力，动力（功率）是做功的速率。能量与动力技术涉及大量用于描述现象和计量单位的特定表达和术语，以及进行计算的公式。在该情境下，学生有望理解热力学定律（包括熵）、能源效率、嵌入式能源、节能、化石燃料、碳排放和废弃物等。

技术产品和系统的发展需要充足的、价格合理的且易于控制的能量资源（简称能源）。能源（通常指燃料）的加工和控制一直是技术发展的关键特征。能源可以被转换、储存、回收和运输。

能源驱动着社会中所使用的技术产品和系统的发展。人们的生活质量有时与社会所使用的能源总量相关。选择使用不同形式的能源将以不同方式影响我们生活的社会和环境，选择的过程常常需要进行权衡。许多能源与动力系统会污染环境。有些能源是不可再生的，即该能源一旦被使用，将不再存在；有些能源是可再生的，如玉米或木材等生物质制成的燃料。当前，人类的大多数需求都是通过燃烧化石燃料来满足的。核能对空气的污染较少，且不会产生二氧化碳，但从长远看，核废料比使用其他能源产生的废弃物更具危险性。近年来，世界上许多地区大幅度增加了对太阳能和风能等可再生能源的使用。

利用能源与动力完成工作和任务的能力在现代社会甚为普遍，在问题出现

前，这种能力的使用常常被忽视。保护能源以确保子孙后代能够使用这些自然资源，是所有公民的责任。人类必须批判性地评估各种能源的使用所带来的积极和消极影响，以决定未来应进一步开发哪些能源。人类关于能源与动力的开发和利用所做出的决策，对其自身具有长期影响，且反映了整个社会的价值观。

技术与工程课程

在学前至12年级的课堂中，有很多方法可以用来开展能源与动力技术的教学。以电力或能源与动力为重点的课程单元可以体现这些关键理念。部分州和地方学区开设了独立的能源与动力课程和单元，这些课程包括基础STEM课程、国家支持的技术与工程课程，以及全国性组织开展的项目。以下案例涵盖了适用于不同年级段的学生在能源与动力情境下的课程。这些案例展示了《技术与工程素养标准》基准、技术与工程实践，以及技术与工程情境之间的联系。

适用于学前至2年级的"能源与动力"技术与工程情境

如果没有人类设计的能源与动力系统，我们的生活将会有何不同？学前儿童在明确这一问题时，可以应用**技术与工程素养标准2A（STEL 2A）：举例说明系统包括哪些部分或组件，以及各部分或组件如何通过协同工作实现目标**。例如，如果不能使用家庭炉灶或微波炉，人们如何烹饪食物？如何照明？如何听音乐？该项目涉及**技术与工程实践4（TEP 4）：批判性思维**。

2年级学生在历数每天早晨会使用到的能源的过程中，可以应用**技术与工程素养标准1A（STEL 1A）：比较自然世界和人工世界**。这些能源既包括在家中或学校里会使用的电，也包括公交车或汽车所使用的汽油，还包括打开窗帘进入房间的自然光。学生将向全班展示他们的发现。该项目涉及**技术与工程实践7（TEP 7）：沟通**。

适用于3~5年级的"能源与动力"技术与工程情境

3年级学生可以通过创建一张日常生活中使用的所有能源系统的图表，并将能源划分为可再生能源和不可再生能源，来学习应用**技术与工程素养标准4H（STEL 4H）：将用于创造技术的资源归为可再生资源或不可再生资源**。该项目涉及**技术与工程实践1（TEP 1）：系**

统思维。

5年级学生可以通过使用电池、铜线和磁铁安全地制造一台简单的直流电机，来应用**技术与工程素养标准3C（STEL 3C）：演示如何将简单技术组合成更复杂的系统**。在小组项目中，各组学生将讨论磁力、电动势和旋转运动之间的关系。该项目涉及**技术与工程实践6（TEP 6）：合作**。

适用于6~8年级的"能源与动力"技术与工程情境

7年级学生将以小组合作的方式来设计并安全创建一个与能源或动力相关的发明模型，该模型能解决大多数中学生在罕见情况下（如，在海上或沙漠中）所面临的常见问题（如，如何给通信设备的电池充电），在这一过程中，他们可以应用**技术与工程素养标准7S（STEL 7S）：通过在设计中识别和应用人的因素来创建问题的解决方案**。在项目过程中，学生将练习运用工程设计过程来解决一个非良构问题（ill-structured problem）。该项目涉及**技术与工程实践2（TEP 2）：创造力**。

8年级学生将开展"离网"（off-grid）住宅设计的研究，以确定设计对经济、政治、文化和环境的影响，在这一过程中，他们可以应用**技术与工程素养标准5F（STEL 5F）：分析一项发明或创新如何受其历史背景的影响**。学生必须考虑替代能源、供暖和制冷、供水、建筑材料、节能电器和食品的相关解决方案。各小组将设计出"离网"住宅的比例模型，并在课堂上进行展示。该项目涉及**技术与工程实践8（TEP 8）：关注伦理**。

适用于9~12年级的"能源与动力"技术与工程情境

11年级学生将以小组合作的方式设计并安全制造一台气动发动机（pneumatic engine），利用压缩空气将往复运动转换为旋转运动，以完成一项常见任务，在这一过程中，他们可以应用**技术与工程素养标准7BB（STEL 7BB）：实施设计的最佳解决方案**。项目实施过程中，各组学生将应用能源与动力传输系统安全地控制流体流动及流速、运动和排气。他们还将排除故障并评估气动发动机的整体性能。该项目涉及**技术与工程实践3（TEP 3）：动手制作**。

高中生在探究微生物燃料电池（microbial fuel cell）或泥浆电池（mud battery）的过程中，可以学习应用**技**

与工程素养标准7W（STEL 7W）：通过评估设计目的来确定最佳方法。学生将制作一个沉积物微生物燃料电池或泥浆电池，了解细菌是如何将化学能（如废水中的化学能）转化为电能的。他们还会学习能量转换、微生物代谢和电学的基本原理等知识。该项目涉及**技术与工程实践5（TEP 5）：乐观**。

技术与工程情境5：
信息与通信

概述

长期以来，人们一直使用各种技术进行远距离通信。活字印刷术的发明为知识在全球范围内以印刷材料的形式传播提供了手段。自那时起，各种各样用以记录、存储、操作、分析和传输数据的通信技术得到了发展。如今，这已成为技术与工程课堂中重要的学习内容。

数据、信息和知识已经成为推动通信技术发展的推进剂。"比特"（bits）是由0和1或on和off组成的字符串，它以数字形式记录和存储各类数据，推动了通信技术的发展。"比特"可用以表示字母和数字、计算机显示器上的颜色、贝多芬奏鸣曲中的音符，以及其他类型的信息。信息与通信技术包括计算机和相关设备、图形媒体、电子发射器和接收设备、娱乐产品和各种其他系统。信息与通信技术涵盖了计算机辅助设计（CAD）、视频制作、播客、平面设计、增强现实和互联网等领域。

计算机、云存储、光纤电缆等以数字形式处理信息的强大技术，彻底改变了社会的信息处理方式。这开创了一个崭新的时代：信息时代。信息本身就是一种有价值的商品，相较过去，现在更容易获得信息。先进的计算技术使得收集、存储和分析大量数据成为可能，这些数据几乎可以为人类所有活动领域的技术活动提供信息，然而，这些功能也带来了极大的安全隐患和隐私风险。互联网的发展极大地拓展了个人获取信息的渠道，但同时也更容易造成负面影响，如过度宣传、侵犯隐私、网络暴力以及破坏民主等行为。

通信系统有其独特的特点。目标受众、沟通的媒介和信息的性质，均会影响通信设计。所有的通信系统都包含以下基本任务：以某种方式对信息进行编码、转换、传输、存储、检索和解码。

信息与通信系统可用于通告、游说、娱乐、控制、管理和教育，影响着社会的发展和文化规范的形成。公平地使用通信网络和设备，对于确保个人参与全球社会的社会、经济和政治治理至关重要。

技术与工程课程

在许多州，信息与通信技术课程是注册学习人数最多的技术与工程领域之一。无论是CAD、电视制作、网页设计、印刷图形、游戏艺术设计、计算机编程等单元和课程，还是入门课程，这一内容领域深受各年级段学生的欢迎。一些州和地方学区开设了独立的信息与通信技术相关的课程和单元。这些课程包括基础STEM课程、国家支持的技术与工程课程，以及全国性组织开展的项目。以下案例涵盖了适用于不同年级段的学生在信息与通信情境下的课程。这些案例展示了《技术与工程素养标准》基准、技术与工程实践，以及技术与工程情境之间的联系。

适用于学前至2年级的"信息与通信"技术与工程情境

国家幼儿园课程的某个单元是指导幼儿通过讨论、书写、绘画和演示来交流有关构建玩具的想法和解决方案，学生在采用多种解决方案以解决具有挑战性问题的过程中，将应用**技术与工程素养标准2E（STEL 2E）：作为团队成员进行有效合作**。该项活动涉及**技术与工程实践7（TEP 7）：沟通**。

1年级学生会参与国家课程中的一项活动：使用背包里的物品，通过光和声音实现与同学的远距离通信，在这一过程中，他们可以应用**技术与工程素养标准3A（STEL 3A）：将技术与工程活动中的概念和技能应用于多个内容领域，以强化跨学科的概念和技能**。教师可以要求1年级学生发送各种信息。该案例涉及**技术与工程实践6（TEP 6）：合作**。

适用于3~5年级的"信息与通信"技术与工程情境

4年级学生在学习"技术与社会"（technology and society）单元时，可以应用**技术与工程素养标准5D（STEL 5D）：确定影响社会技术系统或基础设施变化的因素**。在技术与工程教育环境中，学生将探究从过去到现在常见通信技术变化的案例，这些变化对社会或环境产生了积极和消极的影响。他们可以讨论这些变化的性质、影响，以及通信系统可能的改变或改进方式。该单元涉及**技术与工程实践8（TEP 8）：关注伦理**。

5年级学生在学习技术教育（technology education）相关的课程时，会学习如何开发一种独特的、用以编码和传输信息的数字编码语言，并允许另一名学生使用学生开发的解码密钥进行解码，在这一过程中，学生可以应用**技术与工程素养标准7I（STEL 7I）：应用技术与工程设计过程**。这涉及**技术与工程实践3（TEP 3）：动手制作**。

适用于6~8年级的"信息与通信"技术与工程情境

在一门探索技术（exploring technology）课程中，学生可以应用**技术与工程素养标准4O（STEL 4O）：思考如**果选择了不同的技术解决方案，可能会产生哪些其他结果（个人的、文化的和/或环境的）。学生在撰写工程设计日记时，会使用课堂项目的叙述和草图来记录小组活动，在这一过程中，他们会进行头脑风暴。这涉及**技术与工程实践4（TEP 4）：批判性思维**。

在作为国家课程模式而开发的计算机科学原理（computer science principles）课程中，各组学生将在某堂课上开发移动应用程序，在这一过程中，他们可以应用**技术与工程素养标准8K（STEL 8K）：设计用于收集技术系统数据的方法**。智能手机和平板电脑应用程序的开发提高了学生的参与度和积极性。这涉及**技术与工程实践3（TEP 3）：动手制作**。

在日本，一项由技术教师主持的公开讨论中，中学生可以应用**技术与工程素养标准6D（STEL 6D）：参与研发过程，模拟发明和创新是如何通过系统的测试和改进而演变的**。教师会通过提出开放式、具有批判性思维的问题来提示学生，比如："当你还是孩子的时候，电视频道要么是以广播形式播出，要么是通过有线电视播出。而流媒体服务现已成为常态。你认为是什么因素引起了这样的变化？可以通过什么样的改进来提升流媒体服务水平？"学生可以就日常生活提出新的想法，打破思维定式，提出新的创意。他们会在工程日记中总结这些观点。该讨论涉及**技术与工程实践2（TEP 2）：创造力。**

适用于9~12年级的"信息与通信"技术与工程情境

在国家课程的"信息技术"（information technology）单元中，学生需要使用电子表格和动画软件疏导城市交通，在这项挑战中，他们可以应用**技术与工程素养标准1N（STEL 1N）：解释周围的世界是如何引导技术发展和工程设计的**。本节课的教学情境可以是拥堵的交通高峰时段对社会和系统的影响。许多城市智能信号系统的研制减缓了交通堵塞。该项活动涉及**技术与工程实践1（TEP 1）：系统思维。**

在一门关于照片成像（photo imaging）的课程中，学生会使用画笔工具进行图像创建和修正，在这一过程中，他们可以应用**技术与工程素养标准2T（STEL 2T）：演示概念、图表、虚拟、数学和实物模型的使用方法，以在整个**系统开发之前识别冲突性因素并辅助设计决策。虽然这可能被认为是一项规定性的工作技能，但教师可以提出更具开放性的、出于不同信息目的的挑战，来教授该项技术技能。教师可能会提出这样一个问题：为什么杂志出版商要使用这些工具来对杂志封面人物进行人像修图？这涉及**技术与工程实践4（TEP 4）：批判性思维。**

学生在学习国家课程中的"建模技能"（modeling skills）单元时，可以应用**技术与工程素养标准7Y（STEL 7Y）：通过在准则和约束条件范围内讨论期望达到的质量来优化设计**。在该单元中，学生会开发产品的三维图形模型，然后使用增材制造来创建实物模型。教师需要规定学生必须遵守的准则和约束条件。学生应阐明在这些相关的任务中，信息是如何被编码、传输和解码的。该项目涉及**技术与工程实践5（TEP 5）：乐观。**

技术与工程情境6：建筑环境

概述

几千年来，人类一直在建造各类建

筑结构。中国人修筑了长城，古埃及人建造了金字塔，古希腊人修建了精致的神庙，古罗马人则建造了庞大的道路系统和水道系统。几个世纪前就在使用的很多建筑结构原则，今天依然适用。与建筑选址、所需地基类型、所用建筑材料，以及赋予建筑强度和吸引力的结构特征等相关的原则，在当前构建建筑环境的实践中仍然非常重要。建筑环境比单独的建筑和施工的范畴更大。城市规划者在进行规划时，会将整个城市要实现的效率和目标视为一个建筑环境。建筑环境涵盖了建筑物和道路是如何被组织起来的，以及它们之间的关系如何。城镇和城市依靠良好的规划为居民创造健康的环境。

与建筑物的设计和建造有关的过程通常被称为施工。施工行业中包括了许多来自不同专业的人员，包括建筑师、工程师、建筑工人、造价师、木匠、水管工人、混凝土工人和电工等，他们共同创造了广义上的建筑环境。建筑结构主要用于提供庇护和居住的场所，有些建筑结构会用于提供娱乐和休闲的场所，如音乐厅、游乐园和足球场。还有一些建筑结构会用于工作，比如工厂和办公楼。另一大类建筑结构包括支撑交通运输的结构，如桥梁、道路和海运码头。在规划和建造建筑环境时，结构的完整性、安全性和可持续性是必须考虑的重要因素。

有些建筑结构是临时性的，有些则是永久性的。脚手架、围堰（一种临时结构，在建造桥墩或桥梁地基时，为其在水中围出一片无水的空间）和混凝土浇筑模板属于临时性建筑结构，这些结构都是有意设计的，只在特定的位置存在较短的时间。永久性结构是指那些为了能长期使用而设计并建造的设施，如停车库、水塔、学校建筑、桥梁、围栏、水坝、游泳池、公寓楼和国际空间站等。然而，即使是永久性结构，也会慢慢老化直至损毁或过时。

与其他情境一样，资源也需要被输入到施工过程中。这些资源包括工具和机器、材料、信息、能源、资金、时间和人力。维护是建筑结构安全性和使用寿命的一个重要概念。人类活动会对建筑物、道路和桥梁造成磨损，天气也会导致建筑结构的老化，定期维护对提升建筑结构的持续使用至关重要。

学生应该有机会进行安全地设计、使用和评估建筑结构和材料。这个过程会为他们发展空间关系提供一种有意义的方式。他们应该明白，建筑结构有子系统，这些子系统都用于完成特定的任务。如，电力系统为建筑提供照明，而供暖和空调系统则能提供舒适的环境温度。完成一项施工，需要许多不同类型的材料，这些材料被用于造型、装饰、保护和提高强度。材料包括天然材料（如岩石、木材）和人造材料（如砖块、沥青、混凝土和钢材）。材料的选择会对建筑结构的环境影响和效能产生实质性影响，这是现代社会广泛关注的问题。

技术与工程课程

在学前至12年级的课堂中，有很多方法可以用来开展建筑环境相关的教学。在小学课程中，可以让学生参与设计一个结构（如游戏屋）来教授他们测量知识。初中生可以通过建造和测试塔楼等活动学习有关力的知识。高中生可以学习独立的建筑技术课程。此外，课程开发人员还提供了关于施工和建筑环境的课程，为在建筑环境情境下教授核心学科标准提供了适当的机会。以下案例涵盖了适用于不同年级段的学生在建筑环境情境下的课程。这些案例展示了《技术与工程素养标准》基准、技术与工程实践，以及技术与工程情境之间的联系。

适用于学前至2年级的"建筑环境"技术与工程情境

学前儿童可以在一门关于生命科学（life science）的国家课程中，设计、建造和测试一个供教室里的仓鼠使用的动物庇护所，在这一过程中，他们可以应用**技术与工程素养标准1A（STEL 1A）：比较自然世界和人工世界**。学生必须通过观察仓鼠，来决定整合哪些自然元素和人造元素，在保证仓鼠安全的同时，为其提供庇护所和食物。这涉及**技术与工程实践6（TEP 6）：合作**。

幼儿园学生在设计和建造动物生态栖息地的单元中，可以应用**技术与工程素养标准4C（STEL 4C）：比较简单技术以评估其影响**。首先，学生可以设计并建造一个泡沫芯模型。然后，教师可以让全班预测选定的动物是否会使用此庇护所。接着，学生会选择合适的课堂工具，构建生态栖息地。这涉及**技术与工程实践3（TEP 3）：动手制作**。

适用于3~5年级的"建筑环境"技术与工程情境

4年级学生在探究建筑的历史变化

时，可以应用**技术与工程素养标准 5D（STEL 5D）：确定影响社会技术系统或基础设施变化的因素**。这与某些特定的国家基准是一致的，如"*描述文明的进程是如何与技术发展紧密联系的*"以及"*理解建筑结构是建立在地基上的，有些建筑是临时性的，有些则是永久性的*"。可以引导学生讨论不同时代建造的建筑的历史背景，由此引出一些批判性思考的问题，以确定这些建筑的标志性特征，以及其所处的时代是如何影响这些特征的。该项目涉及**技术与工程实践 4（TEP 4）：批判性思维**。

在一门国家课程中，5 年级学生需要建造一个将水从源头输送到终点而不损失水的创新结构，在这一过程中，他们可以应用**技术与工程素养标准 8D（STEL 8D）：按要求完成一项技术任务**。学生可以进行头脑风暴，讨论如何在地下、地表、水下或太空中实现这一目标。这涉及**技术与工程实践 2（TEP 2）：创造力**。

适用于6~8年级的"建筑环境"技术与工程情境

在一门国家课程中，7 年级学生在参与太空建筑项目时，可以应用**技术与工程素养标准 6E（STEL 6E）：验证功能的专门化是如何成为许多技术改进的核心的**。学生需要设计并建造一个月球探索基地和居住地的比例模型。由于月球距离地球十分遥远，并且工作条件比较极端，学生必须考虑目标是什么、如何获取材料，以及必须完成哪些技术性结构建筑。该项目涉及**技术与工程实践 1（TEP 1）：系统思维**。

在一门关于建筑和施工基础（fundamentals of architecture and construction）的初中课程中，学生将把课程基准应用于与建筑环境的设计、施工和维护相关的可持续性，在这一过程中，他们可以应用**技术与工程素养标准 7U（STEL 7U）：评估不同设计方案的优势与不足**。学生会建造一个比例尺为"¾ 英寸 =1 英尺"（1 英寸 ≈ 2.54 厘米，1 英尺 ≈ 30.48 厘米）的轻木结构房屋模型，地下室采用混凝土浇筑。该建筑必须考虑不同的地形，并避免对景观造成影响。这一具有挑战性的项目将持续 12 周，学生需要团队合作，共同努力完成这个项目。这涉及**技术与工程实践 5（TEP 5）：乐观**。

适用于9~12年级的"建筑环境"技术与工程情境

11年级学生在学习建筑与施工（architecture and construction）课程时，将为美国联邦应急管理局（Federal Emergency Management Agency，FEMA）的紧急情况设计和建造小房子，以设计、规划、管理、建造和维护建筑环境。在这一过程中，他们可以应用**技术与工程素养标准2Y（STEL 2Y）：将质量控制作为一个计划流程来实施，以确保产品、服务或系统符合既定准则**。该项目的重点在于既要安全且经济高效地满足紧急庇护所的需求，又要符合当地法律要求。该项目需要与不同专业领域的人员进行合作，以确保正确、及时地完成建筑。这些人员可能包括建筑师、工程师、技术专家、城市规划师、商人等。该项目涉及**技术与工程实践8（TEP 8）：关注伦理**。

在关于结构系统（structural systems）的课程中，高中生会使用红外摄像机分析建筑的热损失，并设计出最大限度地减少热损失和优化能源使用的方案，在这一过程中，他们可以应用**技术与工程素养标准3J（STEL 3J）：将技术进步与其他知识领域的进步联系起来，反之亦然**。这符合两个课程目标：*解释、*评估和调整设计与施工项目的计划及进度，以应对意外事件和状况；根据规范，准确应用测量技能进行布局和生产材料。学生会向全班展示他们的发现，由此体会**技术与工程实践7（TEP 7）：沟通**的重要性。

技术与工程情境7：医疗与卫生相关技术

概述

人们使用技术工具、设备、药物和系统来解决健康问题，保护生物体免受疾病和死亡的侵害，并提高生活质量。随着新技术的发展，人们将其应用于或使其适用于具有诊断、治疗和预防作用

的各种与健康相关的产品、设备和服务。

创新是医疗技术的关键，它为患者提供了更美好的生活和更高效的医疗保健系统。新设备或新系统实施的医疗手术挽救了病人的生命，或者实现了断肢再植，类似的医学奇迹常见于新闻报道中。有关人类身体机能的研究也在快速推进中。为了拓展人类能力、改善人类健康，人们正不断设计采用计算机和电子控制的设备和系统进行检查、评估和手术。辅助技术，包括矫形器和假肢，旨在维系或改善个体的能力和独立性。医疗设备是根据预期的医疗用途设计并开发的，但在使用过程中也可能会发现意想不到的或计划外的新用途。

营养学和预防医学的发展对于帮助个体过上更美好的生活至关重要。疫苗和基因工程药物等医学进步，是为了帮助医护人员更有效地开展工作，从而提升医疗护理服务。现今，人们正不断设计并开发诸如远程医疗和个人医疗设备等技术，以便提供易于获得的医疗专业知识、整合地理上分散的服务、提高医疗护理质量，并从昂贵的医疗和技术资源中获得最大的产出。医疗与卫生相关的技术可通过设备、药物、系统和其他产品来拓展人类潜力，如替换、修复和补充生物组织和系统。

随着医疗行业技术的日益普及，考虑技术使用所伴随的后果变得愈加重要。制药和生命维持系统等技术有助于保护并改善人类健康。然而，这些产品和系统的使用引发了一些问题，如，一个人应该依靠生命维持系统维持多长时间的生命，谁有权获得救生手术，以及药物的副作用等。

公共卫生、清洁饮用水和废弃物管理等相关情况对人类的健康和福祉至关重要。许多技术的使用会带来一些问题，这些问题可能互相冲突，或与伦理和使用者的意见相冲突。因此，获得准确的信息对于做出合理的健康决策至关重要。

技术与工程课程

在学前至12年级的课堂中，有很多方法可以用来开展医疗与卫生相关技术的教学。现有的技术与工程课程或与健康相关的课程可以开展此情景的教学。由于新技术和新研究的发展，在这些相关的技术课程中讲授核心学科标准是合适的。许多州和地方学区都开设了独立的医疗与卫生相关技术的课程和单元。这些课程包括基础 STEM 课程、国家支持的技术与工程课程，以及全国性组织开展的项目。以下案例涵盖了适用于不同年级段的学生在医疗与卫生相关技术方面的课程。这些案例展示了《技术与工程素养标准》基准、技术与工程实践，以及技术与工程情境之间的联系。

适用于学前至2年级的"医疗与卫生相关技术"技术与工程情境

1 年级学生可以通过回忆以医疗设备或辅助技术为专题的媒体片段或故事中有关辅助技术或医疗技术的例子，来应用**技术与工程素养标准 1B（STEL 1B）：解释人们用来帮助自己做事的工具和技术**。辅助技术，包括矫形器和假肢，旨在维系或改善个体的能力和独立性。这涉及**技术与工程实践 8（TEP 8）：关注伦理**。

2 年级学生会在"健康"（health）单元课上讨论如何应用科学研发药物和疫苗，以及技术如何为人们提供药物和疫苗的分发方法，此时，他们可以应用**技术与工程素养标准 3B（STEL 3B）：在技术和人类经验之间建立联系**。这种讨论可以包括：许多疾病是可以预防的，疫苗并非总能提供给需要疫苗的人。学生可以在课堂上陈述他们的想法。这涉及**技术与工程实践 7（TEP 7）：沟通**。

适用于3~5年级的"医疗与卫生相关技术"技术与工程情境

在关于太空（space）的国家课程单元中，3 年级学生会为太空中的宇航员设计一个医疗问题的解决方案，此时，他们可以应用**技术与工程素养标准 2G（STEL 2G）：举例说明残缺的系统是如何无法按照原设计工作的**。在月球栖息地，有人生病了，但没有已知的可用解决方案。下一艘补给飞船 4 周后才能到达，因此，宇航员必须与地球上的医生合作，利用现有的资源制订解决方案。在教师的提示下，学生将通过头脑风暴来解决这个问题。这涉及**技术与工程实践 6（TEP 6）：合作**。

在关于人类和环境（humans and the environment）的单元中，5 年级学生可以应用**技术与工程素养标准 6B（STEL 6B）：创建具有代表性的人造工具，探索人们如何利用这些工具种植粮食、制作衣服、建造住所，以保护自身**。讨论的重点可以是早期的供水系统和卫生系统。学生将以小组为单位，基于巴黎城市街道下水道的考古发现，仿绘一张19世纪中期由贝尔格朗（Eugène Belgrand）为巴黎设计的下水道系统示意图。水质相关的活动符合以下科学基准："了解科学调查可能会带来新的研究思路，新的调查方法或程序，或是新的改进数据收集的技术"，这涉及**技术与工程实践4（TEP 4）：批判性思维**。

适用于6~8年级的"医疗与卫生相关技术"技术与工程情境

在关于健康科学探索（exploration of health science）的课程中，6年级学生会在健康相关测试中展示应用数学的能力，在这一过程中，学生可以应用**技术与工程素养标准8K（STEL 8K）：设计用于收集技术系统数据的方法**。学生可以相互测量血压、脉搏和体温，然后根据收集到的数据进行归纳。这涉及**技术与工程实践3（TEP 3）：动手制作**。

在国家课程单元中，中学生将扮演医学侦探（medical detectives），调查某种疾病暴发的原因，此时，他们可以应用**技术与工程素养标准7Q（STEL 7Q）：应用技术与工程设计过程**。教师可以先提出一个情境：某个岛屿上暴发了水痘。学生的任务是了解潜在的原因（如，岛上的生活方式、宗教信仰、社会性因素、游客的影响、岛上的居住环境、获得医疗保健的途径）以及如何遏制疫情的暴发。本单元涉及**技术与工程实践1（TEP 1）：系统思维**。

适用于9~12年级的"医疗与卫生相关技术"技术与工程情境

在关于生物医学工程（biomedical engineering）的课程中，10年级学生会为一名先天右臂短小的同学设计辅助技术和适宜的医疗科学设备，此时，他们可以应用**技术与工程素养标准4T（STEL 4T）：评估技术如何改变人类的健康和能力**。该同学的手臂肘部以下只有大约1.5英寸（1.5英寸≈3.81厘米），关节完好无损且功能正常，末端有4根细小的手指。教师可以为学生设置一项挑战：用纸板、吸管和橡皮筋制作一个初步的机械模型手。本课程的关键是使用3D打印为这位同学定制手臂。根据这位同学的要求，全班为其打印了一个粉红色和亮蓝色相间的假肢。假肢用魔术贴缠绕在她的肱二头肌上，使她的右臂和左臂一样长。当她弯曲肘部或肱二头肌时，她的臂肢由可承受100磅（100磅≈45千克）重的钓鱼线控制，这样她就可以抓取物体。这项活动的重点是进行有同理心、以用户为中心的设计，以及通过原型设计为同学开发真实解决方案，这涉及**技术与工程实践5（TEP 5）：乐观**。

在一门州课程中，12年级学生将使用现成的管道元件来设计并制造一台血液透析设备，在这一过程中，他们可以应用**技术与工程素养标准6F（STEL 6F）：阐述技术发展是如何演变的，技术发展是对基础发明或技术知识进行的一系列改进的结果**。该项目与数学和科学学科的目标相联系，是从一个名为INSPIRES（Increasing Student Participation, Interest, and Recruitment in Engineering and Science）的大学项目发展而来的。这项活动涉及**技术与工程实践2（TEP 2）：创造力**。

为了激发学生的学习兴趣，保护中国的传统文化，中国的高中会开设名为"传统艺术与实用艺术的传承与创新"（traditional and practical arts reservation and innovation）的选修课。中医（Traditional Chinese medicine）是医疗保健的一个分支，它建立在3500多年的医疗实践基础上，包括各种形式的草药医学、针灸、推拿和其他治疗方法。中国一所大学的附属高中实施了一个项目，在这个项目中，10年级学生可以应用**技术与工程素养标准7Z（STEL 7Z）：应用以人为本的设计原则**。有一名学生发明了一种便携式人体经络检测仪（用于针灸），并在日内瓦国际发明展（Geneva International Invention Exhibition）上获得了银奖。还有学生发明了穴位按摩仪、按摩服和中草药研磨机。本项目涉及**技术与工程实践3（TEP 3）：动手制作**。

技术与工程情境8：农业和生物技术

概述

大约14,000年前，农业革命促使人类首次生产出了超过其需求量的粮食，从此，社会发生了重大变革。各种农业工具和耕种方式（如犁和灌溉）的发展提高了生产力，较少的社会成员进行农业生产便可满足社会整体对农产品的需求，从而释放了部分社会劳动力从事其他工作。农业技术的不断进步使得越来越多的人从事其他工作。据估计，目前在美国，直接从事农业生产的人口数量不到2%。

农业是指为获取粮食、纤维、燃料、化学品或其他有用产品而种植植物和养殖动物的行业。农业中应用了许多技术流程和系统。一个简单的例子是，在一个种植季节结束时储存种子，以便在下一个种植季节开始时进行播种。另一个例子是使用化肥促进植物生长和使用除草剂抑制杂草生长。农业技术的另一案例为，培育动植物以产生符合人类选育目标的优良后代。从用来在土壤上划线播种的尖木棍，到今天最先进的农业生产技术，如无人机、自动挤奶机和GPS导航系统的使用，农业工具和机械设备经历了一系列进化过程。技术的使用不仅提高了粮食的产量和质量，还使农民能够适应不断变化的环境，如与天气有关的变化、水资源短缺和洪水，以及土壤退化。

无论是在古代还是在现代，生物技术的应用一直是农业发展的推动力。生物技术的定义是，使用生物体或生物器官来制造或改造产品、改良动植物。"农业和生物技术"一词包含更广泛的用途，从改变食物的形态或提高健康水平，到处理废弃物或使用DNA存储数据。生物过程包括繁殖、生长、维持、适应、处理和转化生物材料，以将生物体转化为新的和改进的生物产品和系统。

尽管农业和生物技术听起来十分现代化，但这一概念已经使用了至少8000年。公元前4000年左右，古埃及人就学会了如何使用酵母制作面包。今天的科学家则精通操纵细胞和活体组织，能够使用和操纵生物体的遗传密码。农业和生物技术的使用有助于防治人类和动物疾病、促进人类健康、抑制植物病害以提高作物产量来战胜饥荒，以及通过减少杀虫剂的使用来改善环境。未来，随着生物相关技术的进步，新的产品和服务将不断涌现。

农业和生物技术的发展引发了社会伦理问题。生物工程作物的安全性如何？化学品的使用如何影响食物、水质和土壤质量？什么程度的生物工程可以被允许应用于人体？现如今，我们必须解决诸如土壤耗竭、灌溉用水供应不足、干旱日益频繁，以及农田和牲畜饮用水污染等问题。改变生物有机体(包括植物、动物和人类)基因结构的能力给人类带来了重大的伦理问题。如果社会要负责任地回答这些问题，其成员必须对农业和生物技术以及由此产生的产品和系统有基本的了解。

5

技术与工程课程

在学前至12年级的课堂中，有很多方法可以用来开展农业和其他生物技术的教学。这些想法可以在有关环境、农业和自然资源的职业与技术教育课程群的单元学习中得以实现。许多小学将植物种植和其他农业活动纳入了课程。一些州和地方学区开设了独立的课程和单元，这些课程包括STEM基础课程、国家支持的技术与工程课程，以及全国性组织开展的项目。以下案例涵盖了适用于不同年级段的学生在农业和生物技术情境下的课程。这些案例展示了《技术与工程素养标准》基准、技术与工程实践，以及技术与工程情境之间的联系。

适用于学前至2年级的"农业和生物技术"技术与工程情境

在农业和生物技术应用领域中，学前儿童可以应用**技术与工程素养标准2D（STEL 2D）：制订计划以完成任务**。通过介绍植物、蝴蝶和青蛙的生命周期，植物和种子的生长过程和生长环境，学生可以小组为单位，策划和创建一个生物养殖箱。这涉及**技术与工程实践6（TEP 6）：合作**。

在课程目标为"识别能够全年供应粮食和储存资源的农业技术"的课程中，一年级学生可以应用**核心学科技术与工程素养标准7G（STEL 7G）：在设计过程中应用必要的制作技能**。学生会根据苏斯博士（Dr.Seuss，儿童文学家）《老雷斯的故事》（The Lorax）设计一套农业机械化和仓储系统。他们需要收集、分析数据，并就拯救真心树（truffula trees）的解决方案进行交流。这涉及**技术与工程实践4（TEP 4）：批判性思维**。

适用于3~5年级的"农业和生物技术"技术与工程情境

在为期8周的自然灾害（natural hazards）单元学习中，3年级学生会了解危险天气和极端条件对人类和动物的影响，此时，他们可以学习应用**技术与工程素养标准4G（STEL 4G）：判断技术，以确定用于完成给定任务或满足需求的最优技术**。课堂上，教师可以组织学生就对待动物的伦理问题进行讨论。学生可以设计和测试帮助动物抵御寒冷天气的方法，这涉及**技术与工程实践8（TEP 8）：关注伦理**。

在一所小学的STEM学院，当4年级学生设计一种使用气球进行播种的装置时，他们可能会应用**技术与工程素养标准 3D（STEL 3D）：解释技术与工程和其他内容领域之间存在的各种关系。学生团队会设计并建造一种利用空气压力在钓鱼线上穿越种植区域的机械装置，该装置必须在目标区域内均匀地播撒种子。在这个过程中，科学概念用于分析传递信息的多种解决方案，数学知识则用于根据距离和时间间隔对种子的播撒进行分类。在该 STEM 课堂上，学生活动涉及**技术与工程实践 2（TEP 2）：创造力**。

适用于 6~8 年级的"农业和生物技术"技术与工程情境

8 年级学生在学习工程预科课程时可以应用**技术与工程素养标准 4M（STEL 4M）：制订策略，以减少、重复利用和回收因技术创造和使用而产生的废弃物**。学生项目的重点是设计和安全建造城市地区的循环水系统，以帮助缓解水资源短缺的问题，应对水资源危机挑战。这涉及**技术与工程实践 3（TEP 3）：动手制作**。

在一门中学课程中，7 年级学生可以应用**技术与工程素养标准 6D（STEL 6D）：参与研发过程，模拟发明和创新是如何通过系统的测试和改进而演变的**。

为了达成"理解技术对环境的影响"的课程目标，学生需要处理废弃物，并利用技术修复由自然灾害所造成的破坏。该项目基于 2011 年日本福岛地震引发海啸所造成的环境灾害。研究时需要考虑的因素有很多，包括太平洋的板块构造、日本海岸线的形状、这个多山国家缺乏平坦的建筑场地，以及沿海岸的建筑设计。该项目涉及**技术与工程实践 1（TEP 1）：系统思维**。

适用于 9~12 年级的"农业和生物技术"技术与工程情境

在关于高级应用（advanced applications）的课程单元中，高中高年级学生可以应用**技术与工程素养标准 5H（STEL 5H）：评估一项因特定社会的独特需求或愿望而产生的技术创新**。例如，利用生态系统相互作用的原理和浮力定律来设计和生产鱼饵，模仿水生昆虫的行为来吸引鱼类。这种策略称为仿生学。学生可以观察自然环境，对可能成为鱼饵的假设进行测试，使用带有参数建模软件的 3D 打印机创建一个浮力模型，并对所设计的鱼饵进行测试。所有工作都包含在一个工程设计学习包中。这涉及**技术与工程实践 5（TEP 5）：乐观**。

5

高中生在学习关于环境可持续发展（environmental sustainability）的课程时可以应用**技术与工程素养标准1Q（STEL 1Q）：开展研究，为满足特定需求和愿望的有意发明和创新提供信息**。例如，利用科学、数学和技术相关的知识，通过物理系统和生物材料的使用，研制重力供水净化装置，以去除水中的油脂，找到清洁和丰富水资源、解决食物供应和可再生能源问题的方案。学生将展示他们设计的清洁装置，并根据测试结果反思如何改进该装置。这涉及**技术与工程实践7（TEP 7）：沟通**。

附录A：《技术与工程素养标准》基准课程开发资源

教师可以通过国际技术与工程教育协会（ITEEA）官网中《技术与工程素养标准》（STEL）的网页链接获取三类课程开发资源：（1）将基准按年级段罗列的汇编；（2）将《技术与工程素养标准》（STEL）的标准和基准与《新一代科学教育标准》（NGSS）、《州共同核心数学标准》（CCSS-Math）基准和《州共同核心英语语言艺术标准》（CCSS-ELA）基准联系起来的交叉矩阵；（3）将基准与认知、情感和动作技能领域保持一致的动词矩阵。

按年级段划分的《技术与工程素养标准》基准汇编

汇编将所有年级基准整合在一起，便于为特定年级制订课程计划的教师和课程开发人员获取相关资料。该资源在《技术与工程素养标准》（STEL）资源网页上以 Word 文档形式呈现，供教师检索。表 A.1（见下页）是前三个标准中学前至2年级基准汇编的部分内容截取。

表 A.1 标准 1~3 中学前至 2 年级基准汇编的示例

年级段	基准
STEL 1：技术与工程的性质和特征	
学前至 2 年级	1A. 比较自然世界和人工世界
学前至 2 年级	1B. 解释人们用来帮助自己做事的工具和技术
学前至 2 年级	1C. 证明任何人都可以创造
学前至 2 年级	1D. 讨论科学家、工程师、技术专家，以及其他从事技术工作的人员的作用
STEL 2：技术与工程的核心概念	
学前至 2 年级	2A. 举例说明系统包括哪些部分或组件，以及各部分或组件如何通过协同工作实现目标
学前至 2 年级	2B. 安全地使用工具来完成任务
学前至 2 年级	2C. 解释选用某些材料是因为其具备理想的性能和特性
学前至 2 年级	2D. 制订计划以完成任务
学前至 2 年级	2E. 作为团队成员进行有效合作
STEL 3：知识、技术和实践的融合	
学前至 2 年级	3A. 将技术与工程活动中的概念和技能应用于多个内容领域，以强化跨学科的概念和技能
学前至 2 年级	3B. 在技术和人类经验之间建立联系

《技术与工程素养标准》基准与其他学术基准的比较

基准交叉矩阵提供了《新一代科学教育标准》（NGSS）、《州共同核心数学标准》（CCSS-Math）和《州共同核心英语语言艺术标准》（CCSS-ELA）相关学术基准，教师和课程开发人员确定了将要教授的《技术与工程素养标准》（STEL）基准后，就可以将相关的学术基准添加到课程计划中。通常，教师可以使用某个基准作为教学起点。例如，教师可能会关注**技术与工程素养 7Y（STEL 7Y）：通过在准则和约束条件范围内讨论期望达到的质量来优化设计**。相关的《州共同核心英语语言艺术标准》（CCSS-ELA）基准为 ELA-Literacy.RST.9-10.3：**在进行试验、测量或执行技术任务时，严格遵循复杂的多步骤程序，处理文本中定义的特殊情况或例外情况**。教师可能会让学生在课程结束时进行批判性思维讨论，在这种情况下，教师将会进一步选择英语语言艺术（ELA）口语和听力基准（如 SL.9-10.1.c 和 SL.9-10.1.d）。

表 A.2 将 3 个《技术与工程素养标准》（STEL）基准与其他学术领域的匹配基准进行了对比。两个独立的教育工作者团队（由大学教授、州级督导员和任课教师组成）按照从 1 到 5 的等级对相关基准的匹配度进行评分，其中 5 代表相关性最强。交叉矩阵中的分数线设置为总平均值 3.0/5.0，每组的平均值与总平均值相差不到 0.5。结果显示，《技术与

表 A.2　STEL 与 NGSS、CCSS-Math 和 CCSS-ELA 的 3 个匹配示例

年级段	STEL	NGSS	CCSS-Math	CCSS-ELA
学前至 2 年级	STEL 1A. 比较自然世界和人工世界	K-2-ETS1-1. 在观察的基础上提出问题，找到更多有关自然世界和（或）设计世界的信息	K.MD.2. 直接比较两个具有共同的可测量属性的物体，看哪个物体具有"更多"或"更少"的该属性，并描述差异	ELA-Literacy. SL.K.3. 提出并回答问题，以寻求帮助、获取信息或澄清不理解的事情
6~8 年级	STEL 5G. 从不同角度评估权衡，将此作为决策过程的一部分，并在这一过程中认识到需要就相互抵触的因素进行审慎地取舍	ETS1.A. 定义和界定工程问题：设计任务的准则和约束条件定义得越精确，设计的解决方案就越有可能获得成功。约束条件包括对科学原理和其他相关知识的考虑，这可能会限制可能解决方案的提出	7.SP.7. 开发概率模型并利用其预测事件的发生概率。将模型测量的概率与实际观察到的发生率进行比较，如果结果不匹配，解释导致差异的可能原因	ELA-Literacy. W.8.9. 从书面表达或信息文本中提取证据，以支持分析、反思和研究

（续表）

年级段	STEL	NGSS	CCSS-Math	CCSS-ELA
9~12年级	STEL-7Y. 通过在准则和约束条件范围内讨论期望达到的质量来优化设计	HS-ETS1-3. 根据优先准则和利弊权衡，评估复杂现实世界问题的解决方案。这些准则和权衡需要考虑一系列约束条件，包括成本、安全性、可靠性和审美，以及社会、文化和环境影响	S-IC.2. 确定指定的模型是否与给定的数据生成过程的结果一致，例如，使用模拟	ELA-Literacy.RST.9-10.3. 在进行试验、测量或执行技术任务时，严格遵循复杂的多步骤程序，以处理文本中给出的特殊情况或例外情况

工程素养标准》(STEL) 与《新一代科学教育标准》(NGSS) 有 119 次匹配，与《州共同核心数学标准》(CCSS-Math) 有 79 次匹配，与《州共同核心英语语言艺术标准》(CCSS-ELA) 有 119 次匹配。如需完整列表，可访问国际技术与工程教育协会 (ITEEA) 网站上与《技术与工程素养标准》(STEL) 内容相关的页面，选择相关年级段和情境。该网页还提供了《新一代科学教育标准》(NGSS)、《州共同核心数学标准》(CCSS-Math) 和《州共同核心英语语言艺术标准》(CCSS-ELA) 的 Word 精简版，以便教师准备课程计划时选择其他相关基准。

《技术与工程素养标准》基准动词与认知、情感和动作技能领域的匹配

课程开发人员和授课教师通常需要确保在认知、情感和动作技能领域的适当水平上教授和评估学生。《技术与工程素养标准》(STEL) 基准使用主动动词编写，以体现领域的不同级别与水平。此外，课程开发人员和授课教师需要知道基准是属于事实性知识，还是概念性知识，或是程序性知识，又或是元认知知识。国际技术与工程教育协会 (ITEEA) 交互式网站《技术与工程素养标准》(STEL) 资源网页提供的第二

类资源将为所有 142 个《技术与工程素养标准》(STEL)基准确定以上这些因素。开发该工具是为了确保 3 个领域和技术与工程维度以及学生成果相匹配。它们之间的关系如表 A.3 所示。

表 A.3　3 个领域和技术与工程维度以及学生成果的匹配情况

领域	技术与工程维度	学生成果（由基准动词定义）
认知 →	认知与思维 →	知识
动作技能 →	行动 →	技能
情感 →	认知、思维与行动 →	价值观

表 A.2 提供的 3 个示例所对应的领域、领域级别和知识维度见表 A.4（见下页）。此信息可用于交互式在线工具中的每个基准。表 A.4 列出了每个领域的内容，并且为每项基准确定了相应的适用级别。每个领域的级别为：

认知领域（Anderson & Krathwohl，2001）

- 记住
- 理解
- 应用
- 分析
- 评估
- 创造

情感领域（Krathwohl、Bloom 和 Masia，1964）

- 接受
- 反应
- 评价
- 组织
- 通过评估进行表征

表 A.4　STEL 基准动词与领域和知识维度的匹配

STEL 基准	认知领域	情感领域	动作技能领域	知识维度
1A. 比较自然世界和人工世界	分析		观察	概念性知识
5G. 从不同角度评估权衡，将此作为决策过程的一部分，并在这一过程中认识到需要就相互抵触的因素进行审慎地取舍	评估	反应		概念性知识
7Y. 通过在准则和约束条件范围内讨论期望达到的质量来优化设计	分析		适应	程序性知识

动作技能领域（Bixler, 2011）
- 观察
- 模仿
- 练习
- 适应

知识维度
- 事实性知识
- 概念性知识
- 程序性知识
- 元认知知识

附录B：标准修订项目简史

最初版的《技术素养标准》文件由国际技术教育协会（ITEA，现为ITEEA）于2000年发布。《技术素养标准》在2002年和2007年略微作了修改。

2011年和2012年，国际技术与工程教育协会（ITEEA）与美国工程教育学会（ASEE）、美国国家工程院（NAE）和生物科学课程研究会（BSCS）一起申请了（但未获得）美国国家科学基金会（NSF）高等技术教育(ATE)资助，以修订标准。

2016年3月，国际技术与工程教育协会（ITEEA）技术与工程教师教育委员会（CTETE）就开发认证机构和项目标准的可能性进行了内部讨论。技术与工程教师教育委员会（CTETE）认证委员会进一步讨论后，认为首先需要修订《技术素养标准》，讨论持续了两年。

2018年6月，技术与工程教师教育委员会（CTETE）执行委员会致力于修订《技术素养标准》专项项目。理事会成员与国际技术与工程教育协会（ITEEA）工作人员合作，于2018年秋向美国国家科学基金会（NSF）提交一份新的资助提案。资金于2019年初获批。

B 标准修订项目时间线

2018 年夏：

● 技术与工程教师教育委员会（CTETE）领导团队对国际技术与工程教育协会（ITEEA）成员进行调查，用于收集有关当前使用《技术素养标准》的意见并形成初稿

2018 年秋：

● 在技术与工程教师教育委员会（CTETE）和国际技术与工程教育协会（ITEEA）间建立联合规划团队

● 选出 8 名《技术素养标准》修订项目负责人

● 为审稿人资格审核和申请制订流程

● 为项目创建国际技术与工程教育协会（ITEEA）网站页面

● 申请美国国家科学基金会（NSF）高等技术教育（ATE）资助

● 向 60,000 名国际技术与工程教育协会（ITEEA）成员和相关人员进行调查

● 向国际技术与工程教育协会（ITEEA）21 世纪领导力学院的成员展示项目

2019 年春：

● 检查调查结果，并发表在《技术与工程教师》期刊

● 获批美国国家科学基金会（NSF）高等技术教育（ATE）资助 #1904261

● 《技术素养标准》修订领导团队在密苏里州堪萨斯城举行的 2019 年国际技术与工程教育协会（ITEEA）年会上接管联合规划团队的工作

● 通过改进的 Delphi 流程选出 30 名评审团队成员

● 领导团队成员编写《背景和基本原理》文件，内容涉及文化素养、标准数量的减少、项目任务和愿景，以及对修订格式的建议

2019 年夏：

● 发布国际技术与工程教育协会（ITEEA）《技术素养标准修订项目：背景、基本原理和结构》，并向 30 名评审团队成员发放调查问卷

● 8 月 4 日至 8 日：在佛罗里达州布鲁克斯维尔的 Chinsegut 山间酒店开展《技术素养标准》修订项目写作研讨会

● Chinsegut 作家创建草案 1，包含 8 项标准和 8 类情境

2019 年秋：

▶ 根据在 Chinsegut 会议上完成的工作，领导力团队制订了标准和情境的综合草案

▶ 起草《技术与工程素养标准：技术与工程在 STEM 教育中的作用》所有章节

▶ 第一份完整的初稿发送给 Chinsegut 审查小组的 30 名成员进行审查，等待反馈

▶ 根据 Chinsegut 审查小组的意见进行修改

▶ 2019 年 11 月 19 日，第二份完整的修改稿发送给选定好的 65 名第二轮审稿人

2020 年春：

▶ 根据第二轮审稿人的反馈，完成《技术与工程素养标准》的第三稿

▶ 综合版《技术与工程素养标准》文件发布于国际技术与工程教育协会（ITEEA）网站，供国际技术与工程教育协会（ITEEA）成员和相关人员评论

▶ 2020 年 2 月，发布《技术与工程素养标准》执行摘要

2020 年夏：

▶ 2020 年初夏，最终版《技术与工程素养标准》发布

▶ 交互式"技术与工程素养标准"网站上线

附录C：参考书目和参考文献

Accreditation Board for Engineering and Technology（ABET）.（2016）. Criteria for accrediting engineering programs, 2016–2017.

Advance CTE, Association of State Supervisors of Math, Council of State Science Supervisors, and International Technology and Engineering Educators Association.（2018）. STEM^4: The power of collaboration for change.

Alismail, H., & McGuire, P.（2015）. 21st Century standards and curriculum: Current research and practice. Journal of Education and Practice, 6（6）, 150–155.

American Association for the Advancement of Science.（1989）. Science for all Americans. Oxford University Press.

American Association for the Advancement of Science and National Science Teachers Association.（2007）. Atlas of science literacy: Project 2061. Washington, DC: Author.

Anderson, L.W.（Ed.）, Krathwohl, D.R.（Ed.）, Airasian, P.W., Cruikshank, K.A., Mayer, R.E., Pintrich, P.R., Raths, J., & Wittrock, M.C.（2001）. A taxonomy for learning, teaching, and assessing: A revision of Bloom's Taxonomy of Educational Objectives. New York, NY: Longman.

Antink-Meyer, A., & Brown, R.（2019）. Nature

of engineering knowledge: An articulation for science learners with nature of science understandings. Science & Education (online).

Antonenko, P., Jahanzad, F., & Greenwood, C. (2014). Fostering collaborative problem solving and 21st century skills using the DEEPER scaffolding framework. Journal of College Science Teaching, 43 (6), 79–88.

Asunda, P. (2012). Standards for technological literacy and STEM education delivery through career and technical education programs. Journal of Technology Education, 23 (2), 44–60.

Asunda, P., & Weitlauf, J. (2018) STEM habits of mind: Supporting and enhancing a PBL design challenge–Integrating STEM instruction approach. Technology and Engineering Teacher, 78 (3), 34–38.

Balaji, U. (2017). A new approach to teaching robotics to high school students. Technology and Engineering Teacher (electronic version).

Banks, F., & Barlex, D. (2014). Teaching STEM in the secondary school: Helping teachers meet the challenge. London, UK: Routledge.

Barton, P. (2010). National education standards: To be or not to be? Educational Leadership, 67 (7), 22–29.

Benjamin, S., & Schwartz, W. (1994). When less is more: A devil's advocate position on standards. English Journal, 94 (7).

Bitter, G., & Thomas, L. (1997). National educational technology standards: Developing new learning environments for today's classrooms. NASSP Bulletin, 81 (592), 52.

Bixler, B. (2011). The ABCDs of writing instructional objectives.

Buckler, C., Koperski, K., & Loveland, T. (2018). Is computer science compatible with technological literacy? Technology and Engineering Teacher, 77 (4), 15–20.

Buelin, J., Daugherty, M., Hoepfl, M., Holter, C., Kelley, T., Loveland, T., Moye, J., & Sumner, A. (2019). ITEEA standards for technological literacy revision project: Background, rationale, and structure. Reston, VA: International Technology and Engineering Educators Association.

Bush, S., & Cook, K. (2019). Step into STEAM: Your standards-based action plan for deepening mathematics and science learning, Grades 5–8. Thousand Oaks, CA: Corwin & Reston, VA: National Council of Teachers of Mathematics.

Bybee, R. (2010). Advancing STEM education: A 2020 vision. Technology and Engineering Teacher, 70 (1), 30–35.

Carr, R., Bennett, L., & Strobel, J.（2012）. Engineering in the K–12 STEM standards of the 50 U.S. states: An analysis of presence and extent. Journal of Engineering Education, 101（3）, 539–564.

Cencelj, Z., Abersek, M., Bersek, B., & Flogie, A.（2019）. Role and meaning of functional science, technological and engineering literacy in problem-based learning. Journal of Baltic Science Education, 18（1）, 132–146.

Change the Equation（CTEq）.（2016）. Vital signs: Reports on the condition of STEM learning in the U.S.

Common Core State Standards Initiative.（2019）. Standards for mathematical practice.

Computing at School.（2015）. Computational thinking: A guide for teachers. London, UK: Author.

Cook, K., & Bush, S.（2018）. Design thinking in integrated STEAM learning: Surveying the landscape and exploring exemplars in elementary grades. School Science and Mathematics, 118（3–4）, 93–103.

Cummins, P., Yamashita, T., Millar, R., & Sahoo, S.（2019）. Problem-solving skills of the U.S. workforce and preparedness for job automation. Adult Learning, 30（3）, 111–120.

Darche, S., & Stam, B.（2012）. College and career readiness: What do we mean? Techniques, 87（3）, 20–25.

Daugherty, M.（2009）. The T and E in STEM education. The Overlooked STEM Imperatives: Technology and Engineering, International Technology Education Association（pp.18–25）. Reston, VA: ITEEA.

Denson, C., Buelin, J., Lammi, M., & D'Amico, S.（2015）. Developing instrumentation for assessing creativity in engineering design. Journal of Technology Education, 27（1）, 23–40.

Di Paolantonio, M.（2016）. The cruel optimism of education and education's implication with "passing-on." Journal of Philosophy of Education, 50（2）, 147–159.

Dugger, W.（2000）. How to communicate to others about the standards. The Technology Teacher, 60（3）, 9–12.

Dugger, W.（2016）. The Legacy Project. Technology and Engineering Teacher, 76（2）, 36–39.

Dugger, W., & Moye, J.（2018）. Standards for technological literacy: Past, present, and future. Technology and Engineering Teacher, 77（7）, 8–12.

EDDirect.（2015）. Ethics in education.

Erbil, L., & Dogan, F.（2012）. Collaboration within student design teams participating in architectural design competitions. Design and Technology Education, 17（3）, 70–77.

Ernst, J., & Clark, A.（2007）. Scientific and technical visualization in technology education. The Technology Teacher, 66（8）, 16–20.

Ernst, J., & Moye, J.（2013）. Social adjustment of at-risk technology education students. Journal of Technology Education, 24（2）, 2–13.

Estapa, A., Hutchinson, A., & Nadolny, L.（2018）. Recommendations to support computational thinking in the elementary classroom. Technology and Engineering Teacher, 77（4）, 25–29.

Fleming, R.（1989）. Literacy for a technological age. Science Education, 73（4）, 391–404.

Foster, P.（2005）. Technology in the standards of other school subjects. The Technology Teacher, 65（3）, 17–21.

Fourez, G.（1997）. Scientific and technological literacy as a social practice. Social Studies of Science, 27, 903–936.

France, B.（2015）. Technological literacy: A realisable goal or a chimera? ACE Papers, Issue 5: Issues in Educational Professional Development, Paper 3.Auckland, New Zealand: University of Auckland.

Friedman, T.（2005）. The world is flat: A brief history of the twenty-first century. New York, NY: Farrar, Straus and McKinsey.

Gagel, C.（1997）. Literacy and technology: Reflections and insights for technological literacy. Journal of Industrial Teacher Education, 34（3）, 6–34.

Gandal, M.（1995）. Why we need academic standards. Educational Leadership,53（1）, 84–86.

Grubbs, M., Strimel, G., & Huffman, T.（2018）. Engineering education: A clear content base for standards. Technology and Engineering Teacher, 77（7）, 32–38.

Haag, S., & Megowan, C.（2015）. Next Generation Science Standards: A national mixedmethods study on teacher readiness. School Science and Mathematics, 115（8）, 416–426.

Hacker, M.（2018）. Integrating computational thinking into technology and engineering education. Technology and Engineering Teacher, 77（4）, 8–14.

Hacker, M., Crismond, D., Hecht, D., & Lomask, M.（2017）. Engineering for all: A middle school program to introduce students to engineering as a potential social good.

Technology and Engineering Teacher, 77（3），8-14.

Hailey, C., Erekson, T., Becker, K., & Thomas, T.（2005）. National center for engineering and technology education. The Technology Teacher, 64（5），23-26.

Hall, G.（2011）. Curriculum, instruction, and assessment for creativity and design.In S. Warner and P. Gemmill（Eds.），Creativity and design in technology & engineering education（pp. 262-289）.Reston, VA: Council on Technology Teacher Education.

Henriksen, D., Henderson, M., Creely, E., Ceretkova, S., Cernochova, M., Sendova, E., Sointu, E., & Tienken, C.（2018）. Creativity and technology in education: An international perspective. Technology, Knowledge and Learning, 23,（409-424）.

Heroman, C.（2017）. Making and tinkering with STEM: Solving design challenges with young children. Washington, DC: National Association for the Education of Young Children.

Heywood, J.（2017）. Why technological literacy and for whom? In Heywood et al.（2017）. Philosophical and educational perspectives on engineering and technological literacy, IV（pp. 2-9）. Iowa State University.

Hoepfl, M.（2003）. Concept learning in technology education. In K. R. Helgeson and A. E.Schwaller（Eds.），Selecting instructional strategies for technology education（pp.47-64）. CTETE 52nd Yearbook. New York, NY: Glencoe McGraw-Hill.

Hoepfl, M.（2016）. Research on teaching and learning in technology and engineering education and related subjects. In Hoepfl, M.（Ed.），Exemplary teaching practices in technology and engineering education. CTETE 61st Yearbook.Reston, VA: Council on Technology and Engineering Teacher Education.

Ingerman, A., & Collier-Reed, B.（2011）. Technological literacy reconsidered: A model for enactment. International Journal of Technology and Design Education, 21, 137-148.

Institute of Education Sciences/National Center for Education Statistics.（2019）.Technology and engineering literacy.

International Society for Technology in Education.（2014）. ISTE standards.

International Technology Education Association.（1996）. Technology for all Americans: A rationale and structure for the study of technology. Reston, VA: Author.

International Technology Education Association（ITEA/ITEEA）.（2000/2002/2007）. Standards for technological literacy: Content for the study of technology. Reston, VA: Author.

International Technology Education Association.（2003）. Advancing excellence in technological literacy: Student assessment, professional development, and program standards. Reston, VA: Author.

Iversen, E.（2015）. K-12 learning by engineering design. Start Engineering.

Jackson, A., Mentzer, N., & Kramer-Bottiglio, R.（2020）. Soft robotics as emerging technologies: Preparing students for future work through soft robot design experiences. Technology and Engineering Teacher, 79（6）, 8-14.

Kelley, T.（2010）. Optimization, an important stage of engineering design. The Technology Teacher, 69（5）. 18-23.

Kelley, T.（2015）. Annual NSF report for science learning through engineering design. Unpublished manuscript, Purdue University, West Lafayette, IN.

Kelley, T., & Knowles, J.（2016）. A conceptual framework for integrated STEM education. International Journal of STEM Education, 3（11）.

Koehler, C., Faraclas, E., Giblin, D., Moss, D., & Kazerounian, K.（2013）. The Nexus between science literacy & technical literacy: A state-by-state analysis of engineering content in state science standards. Journal of STEM Education, 14（3）, 5-12.

Krathwohl, D. R., Bloom, B. S., and Masia, B.B.（1964）. Taxonomy of educational objectives, Book II. Affective domain. New York, NY: David McKay Company, Inc.

Krupczak, J., Pearson, G., & Ollis, D.（2006, June）. Assessing technological literacy in the United States. Paper presented at 2006 Annual Conference & Exposition, Chicago, Illinois.

Krupczak, J., Blake, J., Disney, K, Hilgarth, C., Libros, R., Mina, M., & Walk, S.（2016）. Defining engineering and technological literacy. In Philosophical and educational perspectives on engineering and technological literacy, Ⅲ（pp. 8-14）. Iowa State University.

Land, R.（2012）. Engineering technologists are engineers. Journal of Engineering Technology. 1（5）, 32-39.

Lederman, N., Lederman, J., & Antink, A.（2013）. Nature of science and scientific inquiry as contexts for the learning of science and achievement of scientific literacy. International Journal of Education in Mathematics, Science and Technology, 1（3）, 138-147.

Levin, H.（2015）. The importance of adaptability for the 21st century. Society, 52

(2), 136–141.

Loepp, F. (2004). Standards: Mathematics and science compared to technological literacy. The Journal of Technology Studies, 30 (1/2), 2–10.

Loewus, L. (2016, February 23). Eight things to know about the Next Generation Science Standards [Education Week blog post].

Love, T. (2017). Perceptions of teaching safer engineering practices: Comparing the influence of professional development delivered by technology and engineering, and science educators. Science Educator, 26 (1), 1–11.

Love, T., & Wells, J. (2018). Examining correlations between the preparation experiences of U.S. technology and engineering educators and their teaching of science content and practices. International Journal of Technology and Design Education. 28 (2), 395–416.

Loveland, T. (2017). Teaching personal skills in technology and engineering: Is it our job? Technology and Engineering Teacher, 76 (7), 15–19.

Loveland, T. (2019). Standards for technological literacy revision survey: Preliminary results. Technology and Engineering Teacher, 78 (8).

Loveland, T., & Love, T. (2017). Technological literacy: The proper focus to educate all students. The Technology and Engineering Teacher, 76 (4), 13–17.

Lucas, B., & Hanson, J. (2016). Thinking like an engineer: Using engineering habits of mind and signature pedagogies to redesign engineering education. International Journal of Engineering Pedagogy, 6 (2), 4–14.

Marshall, B. (2011). English in the national curriculum: A simple redraft or a major rewrite? The Curriculum Journal, 22 (2), 187–199.

Massel, D. (1994). Three challenges for national content standards. Education & Urban Society, 26 (2), 185.

McGuinn, P. (2015). Complicated politics to the core. Phi Delta Kappan, 97 (1), 14–19.

Mitchell, T. (2017). Examining the relationship between technology & engineering instruction and technology & engineering literacy in K–8 education [Doctoral dissertation, Duquesne University].

Moye, J., Dugger, W., & Starkweather, K. (2016). Learning better by doing study: Thirdyear results. Technology and Engineering Teacher, 76 (1), 18–25.

Moye, J., Dugger, W., & Starkweather, K. (2017). Learn better by doing study:

Fourth-year results. Technology and Engineering Teacher, 77（3）, 32-38.

Moye, J., Dugger, W., & Starkweather, K. （2018）. Learn better by doing. Reston, VA: ITEEA.

National Academies of Sciences, Engineering, and Medicine. （2016）. Science literacy: Concepts, contexts, and consequences. Washington, DC: The National Academies Press.

National Academies of Sciences, Engineering, and Medicine. （2017）. Communicating science effectively: A research agenda. Washington, DC: The National Academies Press.

National Academies of Sciences, Engineering, and Medicine. （2018）. How people learn II: Learners, contexts, and cultures. Washington, DC: The National Academies Press.

National Academies of Sciences, Engineering, and Medicine. （2019）. Science and engineering for grades 6-12: Investigation and design at the center. Washington, DC: The National Academies Press.

National Academy of Engineering [NAE]. （2010）. Standards for K-12 engineering education? Washington, DC: The National Academies Press.

National Academy of Engineering. （2019a）. NAE grand challenges for engineering.

National Academy of Engineering. （2019b）. Engineering habits of mind.

National Academy of Engineering. （2009）. The status and nature of K-12 engineering in the United States.

National Academy of Engineering and National Research Council. （2002）. Engineering in K-12 education: Understanding the status and improving the prospects. Washington, DC: The National Academies Press.

National Academy of Engineering and National Research Council. （2009）. Technically speaking: Why all Americans need to know about technology. Washington, DC: The National Academies Press.

National Academy of Sciences. （1996）. National science education standards. Washington, DC: The National Academies Press.

National Academy of Sciences. （2009）. Engineering in K-12 education: Understanding the status and improving the prospects – Executive summary. Washington, DC: The National Academies Press.

National Academy of Sciences. （2018）. National science education standards: An overview. Washington, DC: The National Academies Press.

National Center for Education Statistics. (2014). National assessment of educational progress: Technology and engineering literacy (NAEP-TEL). Washington, DC: U.S. Department of Education.

National Council of Teachers of Mathematics. (2000). Principles and standards for school mathematics. Reston, VA: National Council of Teachers of Mathematics.

National curriculum in England: Design and technology programmes of study. (2013). UK Department of Education.

National Education Association. (2019). An educator's guide to the "four Cs": Preparing 21st century students for a global society.

National Governors Association. (2007). Innovation America: Building a science, technology, engineering, and math agenda. Washington, DC: Author.

National Governors Association Center for Best Practices and Council of Chief State School Officers. (2010). Common core state standards. Washington DC: Authors.

National Research Council. (1996). National science education standards. Washington, DC: The National Academies Press.

National Research Council. (2002). Investigating the influence of standards: A framework for research in mathematics, science, and technology education. Washington, DC: The National Academies Press.

National Research Council. (2010). Standards for K-12 engineering education? Washington, DC: The National Academies Press.

National Research Council. (2012). A framework for K-12 science education: Practices, crosscutting concepts, and core ideas. Washington, DC: The National Academies Press.

National Science Teachers Association (2016). NSTA position statement: The Next Generation Science Standards.

NGSS Lead States. (2013a). How to read the Next Generation Science Standards.

NGSS Lead States. (2013b). Next generation science standards: For states, by states. Washington, DC: The National Academies Press.

NGSS Lead States. (2013c). The next generation science standards: Appendix I–Engineering design in the NGSS. Washington, DC: The National Academies Press.

NGSS Lead States. (2019). Three-dimensional learning.

Nia, M., & de Vries, M. (2016). "Standards" on the bench: Do standards for technological literacy render an adequate image of technology? Journal of Technology and Science Education, 6（1）, 5–18.

Nordstrom, K., & Korpelainen, P.（2011）. Creativity and inspiration for problem solving in engineering education. Teaching in Higher Education, 16（4）, 439–450.

O'Neil, J.（1995）. On using the standards: A conversation with Ramsay Selden. Educational Leadership, 52（6）, 12.

Pardamean, B.（2012）. Measuring change in critical thinking skills of dental students educated in PBL curriculum. Journal of Dental Education. 76（4）, 443–453.

Partnership for 21st Century Learning.（2019）. Framework and resources.

Phi Delta Kappa International.（2017）. Academic achievement isn't the only mission. 49th PDK/Gallup Poll of the Public's Attitudes Toward the Public Schools.

Popham, W.（2006）. Content standards: The unindicted co-conspirator. Educational Leadership, 64（1）, 87–88.

Prier, D., Mann, M., Oluseyi, H., & Hite, R.（2018, November）Life skills students in the STEM classroom: Robotics as effective project-based learning. Technology and Engineering Teacher（electronic version）.

Pursuit of Happiness, Inc.（2018）. Mindfulness and positive thinking.

Reed, P.（2017）Technology education standards in the United States: History and rationale. In M. de Vries（Ed.）Handbook of Technology Education（pp. 235-250）.Springer International Handbooks of Education.

Reed, P.（2018）. Reflections on STEM, standards, and disciplinary focus. Technology and Engineering Teacher, 77（7）, 16-20.

Reeves, D.（2000）. Standards are not enough: Essential transformations for school success. NASSP Bulletin, 84（620）, 5.

Reimers, J., Farmer, C., & Klein-Gardner, S.（2015）. An introduction to the standards for preparation and professional development for teachers of engineering. Journal of Pre-College Engineering Education Research, 5（1）, 40-60.

Royal Academy of Engineering.（2014）. Thinking like an engineer: Implications for the education system. Winchester, UK: Centre for Real-World Learning.

Saavedra, A., & Opfer, V.（2012）. Learning 21st-century skills requires 21st-century teaching. Phi Delta Kappan, 94（2）, 8-13.

Sanders, M.（2009）. Integrative STEM: Primer.

The Technology Teacher, 68（4）, 20–26.

Snyder, J., & Hales, J.（1981）. Jackson's Mill industrial arts curriculum theory. Charleston, WV: West Virginia Department of Education.

Stohlmann, M., Moore, T. J., & Roehrig, G. H.（2012）. Considerations for teaching integrated STEM education. Journal of Pre-College Engineering Education Research（J-PEER）, 2（1）, Article 4.

Strimel, G., Grubbs, M., & Wells, J.（2017）. Engineering education: A clear decision. Technology and Engineering Teacher, 76（4）, 18–24.

Suhor, C.（1994）. National standards in English: What are they? Where does NCTE stand? English Journal, 83（7）, 25.

Sung, W.（2018）. Fostering computational thinking in technology and engineering education: An unplugged handson engineering design approach. Technology and Engineering Teacher, 78（5）, 8–13.

Tang, K., & Williams, P.（2019）. STEM literacy or literacies? Examining the empirical basis of these constructs. Review of Education, 7（3）, 675–697.

Technology Student Association（TSA）.（n.d.）High school competitions.

Temes, G.（2019）Thoughts on engineering creativity [Point of view]. Proceedings of the IEEE,（7）, 1223.

Todd, R.（1991）. The natures and challenges of technological literacy. In M. Dyrenfurth and M. Kozak（Eds.）, Technological literacy, 40th yearbook of the Council for Technology Teacher Education（pp. 10–27）. Peoria, IL: Glencoe.

Tsupros, N., Kohler, R., & Hallinen, J.（2009）. STEM education in southwestern Pennsylvania: Report of a project to identify the missing components. Pittsburgh, PA: Carnegie Mellon University and Intermediate Unit 1 Center for STEM Education.

Ujifusa, A.（2014）. As states drop common core, replacement hurdles loom. Education Week, 33（36）, 27.

United Nations.（2019）. Sustainable development goals.

Warner, S.（2000）. The effects on students' personality preferences from participating in Odyssey of the Mind [unpublished doctoral dissertation]. West Virginia University.

Watts, E., Levit, G., & Hossfeld, U.（2016）. Science standards: The foundation of evolution education in the United States. Perspectives in Science, 10, 59–65.

Wells, A.（2013）. The importance of design

thinking for technological literacy: A phenomenological perspective. International Journal of Technology & Design Education, 23（3）, 623-636.

Wells, J.（2016）. I-STEM ed exemplar: Implementation of the PIRPOSAL model. Technology and Engineering Teacher, 76（2）, 16-23.

White, A., & Rizzo, J.（2008）. World-class standards: Setting the new cornerstone for American education. James B. Hunt Jr. Institute for Educational Leadership and Policy, 2, 1-8.

Wiggins, G.（2011）. A diploma worth having. Educational Leadership, 68（6）, 28-33.

Wiggins, G., McTighe, J., Kiernan, L., Frost, F., & Association for Supervision and Curriculum Development.（1998）. Understanding by design. Alexandria, VA: Association for Supervision and Curriculum Development.

Williams, P. J.（2009）. Technological literacy: A multiliteracies approach for democracy. International Journal of Technology and Design Education, 19, 237-254.

Williams, A., Cowdroy, R., & Wallis, L.（2012）.Design. In P. J. Williams（Ed.）, International technology education series: Technology education for teachers（pp. 93-114）. Rotterdam, The Netherlands: Sense Publishers.

Wrigley, C., & Straker, K.（2017）. Design thinking pedagogy: The educational design ladder. Innovations in Education and Teaching International, 54（4）, 374-385.

Yatt, B., & McCade, J.（2011）. Defining creativity and design. In S. Warner and P.Gemmill（Eds.）, Creativity and design in technology & engineering education（pp. 32-68）. Reston, VA: Council on Technology Teacher Education.

Zollman, A.（2012）. Learning for STEM literacy: STEM literacy for learning first. School Science and Mathematics, 112（1）, 12-19.

附录D：致谢

CTETE Board of Directors 2018–2019

Marie Hoepfl, Appalachian State University, Past President

Charles McLaughlin, DTE, Rhode Island College, President

Scott Warner, Millersville University of Pennsylvania, Vice President

Thomas Loveland, DTE, University of Maryland Eastern Shore, Secretary

Vinson Carter, University of Arkansas, Treasurer

ITEEA Board of Directors 2018–2019

Yvonne Spicer, DTE, President
Ed Reeve, DTE, Past President
Michael Sandell, DTE, President-Elect
Debra Shapiro, DTE, Director, Region I
Abbi Richcreek, Director, Region II
Kurt Helgeson, Director, Region III
Gary Stewardson, Director, Region IV
Mark Crenshaw, DTE, Director, ITEEA-CSL
Marie Hoepfl, Director, CTETE
Scott Greenhalgh, Director, TEECA
Charlotte Holter, ITEEA-CC
Steven Barbato, DTE, Executive Director, ITEEA

Standards Revision Planning Team 2018

Thomas Loveland, DTE, University of Maryland Eastern Shore

Marie Hoepfl, Appalachian State University
Steven Barbato, DTE, Executive Director, ITEEA
Johnny Moye, DTE, ITEEA Senior Fellow
Katie de la Paz, Communications Director, ITEEA

Standards Revision LeadershipTeam 2018–2020

Thomas Loveland, DTE, University of Maryland

Eastern Shore
Marie Hoepfl, Appalachian State University
Todd Kelley, DTE, Purdue University
Michael Daugherty, University of Arkansas
Charlotte Holter, ITEEA Elementary STEM Council
Johnny Moye, DTE, ITEEA Senior Fellow
Jennifer Buelin, Director, ITEEA STEM Center for Teaching and Learning (2018–2019)
Anna Sumner, DTE, former ITEEA President
Philip A. Reed, DTE, Old Dominion University (2019–2020)
Steven Barbato, DTE, Executive Director, ITEEA

Chinsegut Writer/Reviewers

Scott Bartholomew, Purdue University
Susan Bastion, Cisco Systems
Bradley Bowen, Virginia Tech, ASEE Representative
Sharon Brusic, Millersville University
Vinson Carter, University of Arkansas
Michael Cermak, Rockford Public Schools
Cameron Denson, North Carolina State University
Brandon Hamby, Stihl, Inc.
Nancye Hart, DTE, ITEEA STEM Center for Teaching and Learning
Andrew Hughes, California State University San Bernardino
Scott Jewell, Ipswich Middle School (MA)
Rachel Kane, West Harford Schools (CT)
Taylor Kidd, Community College of Baltimore County
Geoff Knowles, Ivy Tech Community College
Kenyatta Lewis-White, Prince George's County Public Schools (MD)
Jocelyn Long, Downingtown STEM Academy (PA)
Tyler Love, Penn State University

Chris Merrill, DTE, Illinois State University
Derrick Nero, University of Nebraska Omaha
Steve Parrott, DTE, Illinois State Department of Education
Philip A. Reed, DTE, Old Dominion University
Thomas Roberts, Bowling Green State University
Robi Robichaud, World Resources Institute
Steve Shumway, Brigham Young University
Julie Sicks-Panus, Plymouth Elementary School (NH)
Thomas Siller, Colorado State University
Patricia Simmons, NSTA Special Initiatives
Scott Warner, Millersville University of Pennsylvania
Trena Wilkerson, Baylor University, NCTM Representative
P. John Williams, Curtin University, Perth, Australia

Second Round Reviewers

David Barlex, University of Exeter (UK)
Lynn Basham, DTE, Virginia Department of Education
Thomas P. Bell, DTE, Millersville University of Pennsylvania
James Boe, DTE, Valley City State University
Kimberly Bradshaw, Principal, Green Valley Elementary (VA)
Janice Cabahug, Technology Student Association
Aaron Clark, DTE, North Carolina State University
Michael DeMiranda, Texas A & M University
Marc J. de Vries, Delft University of Technology (The Netherlands)
Michele Dischino, Central Connecticut State University
Dustin Driever, Kennedy Elementary (NE)

附录 D | 致谢

Don Fischer, North Dakota Department of Career and Technical Education
John Flanagan, President, Goodheart-Willcox Company, Inc.
Patrick Foster, Central Connecticut State University
Robert Gray, DTE, University of Maryland Eastern Shore, Retired
Clark Greene, Buffalo State University
Gu Jianjun, Nanjing Normal University (China)
Michael Hacker, DTE, Hofstra University
William Havice, DTE, Clemson University
James Hemming, Dundalk High School (MD)
Roger Hill, University of Georgia
Brent Hollers, Sequoyah High School (GA)
Brandt Hutzel, Pennsylvania Department of Education
Virginia R. Jones, DTE, Patrick Henry Community College
Gregory Kane, DTE, Central Connecticut State University
Thelma Kastl, West Wilkes Middle School (NC)
Daniel P. Kelly, Texas Tech University
Andrew Klenke, DTE, Pittsburg State University (KS)
Len Litowitz, DTE, Millersville University
Doug Livingston, Utah State Board of Education
Samantha Moorzitz, Monmouth County Vocational School District (NJ)
Steve O'Brien, The College of New Jersey
Paul E. Post, The Ohio State University
Philip A. Reed, DTE, Old Dominion University
Edward Reeve, DTE, Utah State University
Abbi Richcreek, Warsaw Community Schools (IN)
John Ritz, DTE, Old Dominion University, Retired
Trevor Robinson, Utah State University
Mary Annette Rose, Ball State University
David Rouch, DTE, Ohio Northern University
Michael Sandell, DTE, Chisago Lakes Schools (MN)
Tom Shown, North Carolina Department of Public Instruction, Retired
Kendall Starkweather, DTE, ITEEA Executive Director, Retired
Torben Steeg, Manchester Metropolitan University (UK)
Gary Stewardson, Utah State University
Vanessa Stratton, Project Lead The Way
Greg Strimel, Purdue University
Jerianne Taylor, DTE, Appalachian State University
Ron Todd, ITEEA Ambassador
David White, DTE, Florida A & M University
Geoff Wright, DTE, Brigham Young University
Luke Yount, Millersville University

ITEEA Board of Directors 2019–2020

Michael Sandell, DTE, President
Yvonne Spicer, DTE, Past President
Philip A. Reed, DTE, President-Elect
Scott Nichols, Director, Region I
Abbi Richcreek, Director, Region II
Michael Sundblad Director, Region III
Gary Stewardson, Director, Region IV
Don Fischer, Director, ITEEA-CSL
Charles McLaughlin, DTE, Director, CTETE
Trevor Robinson, Director, TEECA
Charlotte Holter, ITEEA-CC
Steven Barbato, DTE, Executive Director, ITEEA

STEL Benchmark Crosswalk Matrix Development

Daniel Staab, Graduate Student, University of Maryland Eastern Shore
Kurt Salisbury, Baylor University, Consultant
Melissa Donham, Baylor University, Consultant
Whitney Richardson White, North Carolina State University, Consultant
Sarah Quallen, University of Idaho, Consultant
Tyler Love, Penn State University, Reviewer
Vinson Carter, University of Arkansas, Reviewer
Don Fischer, North Dakota Department of Career and Technical Education, Reviewer
Stephanie Holmquist-Johnson, STEM Education Consultant, Reviewer
Matt Timmons, Baltimore Polytechnic Institute, Reviewer
Julie Sicks-Panus, Plymouth Elementary School, Reviewer

STEL Verb Matrix Development

Tom Shown, North Carolina Department of Public Instruction, Retired
Philip A. Reed, DTE, Old Dominion University

Third Round Reviewers

Christopher Awampato, State College Area High School (PA)
Lynn Basham, DTE, Virginia Department of Education
Anthony Bodnar, Trinity Catholic High School (MO)
Jairo Botero, Bogota, Columbia
Wayne Bowring, St. Mary's International School (Tokyo, Japan)
Frank Caccavale, Roxbury High School (NJ)
Craig Clark, DTE, West Harford, CT
David Curry, Admiral Richard E. Byrd Middle School (VA)
Noel Devine, Wheeler Middle/High School (CT)
Ding Bangping, Capital Normal University (Beijing, China)
Jason Donaldson, State College Area High School (PA)
Keith Doucette Sr., East Greenwich High School (RI)
Barbara Dunham, Bessemer City Middle School (AL)
Antonios Ekatomatis, Northwest High School (MD)
Don Fischer, North Dakota Department of Career and Technical Education
Martin Fislake, University of Koblenz (Germany)
Melvin Gill, Fort Meade High School (MD)
Charles Goodwin, DTE, Endicott, NY
Michael Hacker, DTE, Hofstra University Center for STEM Research
Mark Harrell, Kentucky Department of Education
William Havice, DTE, Clemson University
William Haynie, North Carolina State University, Emeritus
Megan Hislop, Sage Park Middle School (CT)
John Howe, North Carolina State University
Brandt Hutzel, Pennsylvania Department of Education
Endogan Kaya, University of Nevada Las Vegas
Thomas Kubicki, DTE, SUNY Oswego, Retired
Kyle Kutz, Westlake High School (OH)
Hyuksoo Kwon, Kongju National University (Gongju, Republic of Korea)
Lung-Sheng Lee, Central Taiwan University of Science and Technology
Marcos Martinez, University of Puerto Rico (San

附录 D　致谢

Lorenzo, Puerto Rico)
Star Matteson, G. Ray Bodley High School (NY)
Edward McGrath, Red Clay Consolidated School District (DE)
Nancy McIntyre, Robotics Education & Competition Foundation
Christos Papadopoulos, Hillsborough High School (NJ)
Nicole Penn, Kiser Middle School (NC)
Patrick Pudlo, East Chapel Hill High School (NC)
Matthew Putnam, Westfield High School (IN)
Aki Rasinen, University of Jyväskylä (Finland), Emeritus
Philip A. Reed, DTE, Old Dominion University
Abbi Richcreek, Warsaw Community Schools (IN)
David Rouch, DTE, Ohio Northern University
David Sander, Wake Forest High School (NC)
Doug Scott, Hopkinton High School (MA)
Robin Schuberth, Olathe Design Academy (KS)
Laura Schisler, Missouri Southern State University
Richard Seymour, Ball State University
Harry Shealey, DTE, University of Maryland Eastern Shore
Korbin Shoemaker, Frederick County Public Schools (MD)
Julie Sicks-Panus, Plymouth Elementary School (NH)
Henry Strada, Louis M. Klein Middle School, Retired
Kevin Sutton, North Carolina State University
Joanne Trombley, DTE, J. R. Fugett Middle School (PA)
Robert Tufte, DTE, Cheektowaga Central School District (NY), Retired
Ken Volk, Pawleys Island, SC, Retired
P. John Williams, Curtin University (Perth, Australia)
Rob Zigler, Jackson, MI

关于上述"卓越技术与工程专业人才（Distinguished Technology and Engineering，简称DTE）"荣誉称号的说明：国际技术与工程教育协会（ITEEA）制订了"卓越技术与工程专业人才计划"，旨在表彰在技术与工程教育领域拥有杰出表现和取得专业成就的人才。作为技术与工程教育专业成就的最高荣誉之一，"卓越技术与工程专业人才"荣誉称号是对技术与工程教育工作者所获成就的肯定。

附录E：词汇表

注：本词汇表中所定义和描述的术语专用于《技术和工程素养标准》。这些术语在不同的语境中可能具有更加广泛的含义。

美学（Aesthetics）——思考和应用与美的本质和审美相关的原则，是人类感知和判断事物吸引力的方式。

农业和生物技术（Agricultural and biological technologies）——该术语用于描述与食品生产和生物过程相关的广泛技术。例如，种植和改良农作物，利用分解过程释放能量并获得可提高土壤肥力的副产品，利用生物技术创造新的或改良的有机体等。

农业（Agriculture）——种植农作物、饲养动物以获取食物、饲料、纤维、燃料或其他有用的产品。

农用林业（Agroforestry）——为同时生产食物、农作物和树木而进行的土地管理，或指有意地将土地规划成一个种植树木、灌木、农作物或饲料作物的系统，以改善栖息地，让人类和野生动植

E

物获取更多的生存空间，并提高木本植物产品的产量。

替代能源（Alternative energy）—可通过自然或人工过程再生的能源，其被认为是取之不尽用之不竭的。替代能源包括太阳能、风能、地热能、潮汐能和生物质能等资源。替代能源也被称为可再生能源。

替代燃料（Alternative fuel）—除了汽油或柴油以外的用于运输的燃料，包括天然气、甲醇、乙醇和氢气。

适当的技术（Appropriate technology）—通常是指在特定地点使用较少的自然资源、排放较少的污染和投入较低的成本能达到预期目的的最简单的技术水平。适当的技术通常是小规模的，且因地制宜的。

衔接课程（Articulation）—为学前至12年级所设计的一系列课程。

人工制品（Artifact）—人工制造的产品。

人工生态系统（Artificial ecosystem）—人工制造的环境或系统，作为自然环境的复制品或在功能上等同于自然环境。

人工智能（Artificial intelligence，AI）—人工制造的设备或系统，通常是基于计算机的系统，所展示出来的类似人类所拥有的知识和技能（又称机器智能）。

评估（Assessment）—（1）一种评价技术，用于分析技术的收益和风险，权衡利弊，再确定所要采取的最佳行动，以确保预期的正面影响大于负面影响（又称技术评估）。（2）一种练习，如活动、作品集、笔试或实验，旨在衡量学生在某一学科领域的技能或知识掌握情况，可以收集教师和学生的表现、学生行为和课堂氛围等相关信息。

自动化（Automation）—使用编程系统对设备和过程进行操作和控制，而非人工操作。

批量生产（Batch production）—为

了更高效地组装成产品而大量生产零件或组件的过程。

基准（Benchmark）—（1）一份书面说明，描述了各年级段（学前至2年级、3~5年级、6~8年级和9~12年级）学生的具体发展要素，即学生为达到某一内容标准应知应会些什么。（2）用以衡量或评判某事物的标准。

可生物降解的（Biodegradable）—物质通过自然的生物过程被物理和（或）化学分解的能力，如被细菌或真菌分解。

生物工程（Bioengineering）—应用于生物和医疗系统的工程，如生物力学、生物材料和生物传感器。生物工程还包括生物医学工程，如为残缺或缺失的身体器官开发辅助器具或替代物。

生物过程（Biological processes）—以生物体活动为特征的过程，或由生物体活动产生的过程。

生物仿生学（Biomimicry）—以生物有机体和生物过程为模型而进行的材料、结构和生态系统的设计和生产。

生物技术（Biotechnology）—使用生物体或生物器官来制造或改造产品、改良动植物或开发特定用途的微生物的任何技术。

头脑风暴（Brainstorming）—一种共同解决问题的方法，小组的所有成员在有指导但不受约束的讨论中，自发产生想法。

青铜时代（Bronze Age）—继石器时代之后的人类文明发展阶段或水平，以青铜工具和武器的使用为特征，随着铁器时代的到来而终结；大约从公元前3000年到公元前1100年。

建筑环境（Built environment）—是指人工制造的环境，包括人们生活、工作和娱乐的建筑和设施。这包括楼房、道路和桥梁、基础设施、城市和其他空间。建筑环境不仅仅是单一的结构和建筑，还涉及建筑环境的特点，即为公民营造一个健康、有益且可持续的环境。

E

副产品（By-product）—在制造主要产品时产生的其他产品、次要结果、副作用。

计算机辅助设计或计算机辅助绘图（Computer-aided design or computer-aided drafting，CAD）—（1）使用计算机来辅助设计零件、电路、建筑或其他系统和人工制品的过程。（2）使用计算机来辅助创建、存储、检索、修改、绘制和传递技术图纸的过程。

资本（Capital）—技术系统使用的基本资源之一，是指用于生产其他商品的累计资金（金钱）和物品。

生涯与技术教育（Career and Technical Education）—（1）教育机构提供的培训，旨在为个人从事特定职业或工作做好准备。（2）一系列相关的教育学科（农业教育、商业教育、家庭和消费者科学教育、健康教育、市场教育、技术教育、贸易及工业教育），为工作和生活提供教育和技能。

化学技术（Chemical technology）—任何可以改变、转化或生成化学物质、元素或化合物的技术过程。

公民身份（Citizenship）—作为社会的一员，运用自己的沟通、批判性思维和合作技能，更有效地参与本地，乃至全球的社会生活。

公民意识（Civic-mindedness）—受全社会或全人类福祉激励，并关心全社会或全人类福祉的个人所表现出的特质；也就是公德心。

闭环系统（Closed-loop system）—利用输出端的反馈来控制系统的输入和处理过程的系统。

认知性知识（Cognitive knowledge）—一种超出简单理解（对意义基本了解）的认知水平。这可能包括对规则、方法、概念、原理、法律和理论的应用。

合作（Collaboration）—团队工作中所表现出的想法、意愿和能力，团队中所有成员的付出都是有价值的。

结合（Combining）—通过紧固、涂层、粘合或化学改性等过程将两种或多种材料连接起来。

通信/沟通（Communication）—（1）通过共同的系统，如符号、标志、行为、语言、书面文字或信号，成功实现信息传递。（2）用以了解技术用户的需求和愿望，是阐述和解释设计过程中所做选择的一种方式。

通信系统（Communication system）—在发送方和接收方之间形成联系的系统，它使信息交换成为可能。

复杂系统（Complex system）—由许多相互联系或相互交织的部分组成的系统，这些组成部分相互作用，以致产生的输出不总是能被预测。

组件（Component）—整体的一部分或一个要素，可以从系统中分离，也可以附加到系统上。

计算思维（Computational thinking）—解决问题的一种系统方法，包括组织和分析数据，使用建模和仿真表示数据，以及使用算法思维来确定有效和高效的解决方案。

概念（Concept）—用于描述或识别物品、条件或过程的想法或思想。

保护（Conservation）—保护环境和合理利用自然资源。

约束（Constraint）—对设计过程的限制。约束条件可以是时间、成本、空间、材料和人的能力等。

建造（Construction）—修建、架设或建造建筑物、道路或其他构筑物的系统行为或过程。

内容标准（Content standards）—确定在某一学科学习中应教授的基本知识、技能和价值观的标准。理想情况下，这些标准具有足够的灵活性和开放性，能够紧跟学科领域的变化。

情境（Contexts）—如《技术与工程素养标准》中给出的定义，情境是技术活动的领域，为核心内容知识和实践的具体运用提供了明确的重点。情境为技术与工程活动的开展提供了环境。

控制系统（Control system）—化学、电子、电气和机械组件的集合，通常通过执行一系列有计划的行动来指挥或引导系统的管理。

惯例（Convention）—通过使用而确立起来，并被广泛接受的技术、实践或程序。

收敛性思维/聚合思维（Convergent thinking）—批判性思维的一种形式，使用线性步骤来分析问题的一些可能的解决方案，以确定最有可能成功的方案；常用于设计过程的各个阶段。

创造性思维（Creative thinking）—通过质疑、推理和判断产生原创性思想和观点的能力。

创造力（Creativity）—使用调查、想象、创新思维和身体技能来实现目标，如设计目标。

标准/准则（Criterion/Criteria）—产品或系统所期望的规范（要素或特征）。

批判性思维（Critical thinking）—获取信息、分析和评估信息、通过使用逻辑和推理技能得出明智的结论或解决方法的能力。

文化（Culture）—在一个社会族群中，影响大多数人行为的信仰、传统、习惯和价值观。

定制生产（Custom production）—一种制造方式，其产品的设计和制造是为了满足个人的特定需求和愿望。

数据（Data）—可用于得出结论的原始事实和数字。

数据处理系统（Data processing system）—由计算机硬件和软件组成的系统，旨在执行特定的计算任务。

决策（Decision making）—对几种可能的行动进行考察，并从中选择最可能实现个人或群体目标的行动。涉及推理、计划和判断等认知过程。

解码（Decode）—用日常语言将已编码的信息转换成可理解的形式。

设计（Design）— 一个迭代的制订计划的决策过程，通过这个过程，资源被转化为产品或系统，以满足人类的需求和愿望或解决问题。

设计概要（Design brief）— 一个书面计划，明确了待解决的问题及其准则和约束。使用设计概要，有助于在尝试解决方案之前，考虑到问题的各个方面。

设计原则（Design principles）—为创造出美观的设计而在设计过程中应用的视觉元素，设计原则包括节奏、平衡、比例、多样、强调以及和谐。

设计过程（Design process）— 一种基于确定准则和约束条件的系统化问题解决策略，用来为某个问题或需求寻求可能的解决方案，并从可能的解决方案中筛选出一个最终的选择。

设计提案（Design proposal）—为解决所提出的问题而制订的书面行动计划。

开发（Develop）—经过一系列的状态或阶段来改变事物的形态，每一个阶段或状态都是为下一个阶段或状态做好准备。连续的变化是为了提高过程或产品的质量或改善其性能。

适宜发展（Developmentally appropriate）—旨在匹配学生不同成长阶段在认知、身体活动、情感发展和社会适应等方面需求的教育方案和方法。

价值观（Dispositions）—某一学科中与专业实践相关的特点、价值取向和思维习惯。

发散思维（Divergent thinking）—创造性思维的一种形式，探索多种可能的解决方案以产生解决问题的新想法或方法。常用于设计和解决问题的构思

E

阶段。

做（Doing）—见"动手制作"。

图示（Drawing）—通过描绘一个过程或用线条勾勒一个图形、平面图或草图而产生的作品。图示用于交流想法并指导设计制作。

耐用品（Durable goods）—能使用多年的物品（如家用电器、汽车、一些体育器材）。

教育技术（Educational technology）—将多媒体技术或视听辅助设备作为一种工具，来改善教与学的过程。

新兴（Emergent）—（1）作为某事的结果而发生。（2）形成的过程。

编码（Encode）—将信息转换为可以通过通信系统传输的符号或形式。

能量/能源（Energy）—能量是指做功的能力。能源是技术系统中使用的基本资源（输入）之一。

工程师（Engineer）—受过技术、数学和科学知识的培训，并利用这些知识来解决实际问题的人。

工程（Engineering）—在特定的约束条件下，利用科学原理和数学推理进行技术优化，以满足一定标准的需求。

工程学（名词）（Engineering）—为准备从事工程职业而进行的学科学习。有时被称为"大E"工程，这代表了对工程及其内容子领域的更多关注。

工程（动词）（Engineering）—在技术系统和产品开发中对设计和工程思维习惯的应用。有时被称为"小e"工程，这一特征在《技术与工程素养标准》中得到体现。

工程素养（Engineering literacy）—专注于理解创造或设计技术成品和系统的过程的能力。

工程设计（Engineering design）—将科学和数学原理系统性和创造性地应用于实践，如设计、制造和运行高效且经济的结构、机器、工艺和系统。

人体工程学（Ergonomics）—研究如何在设计中考虑人的因素，或如何安排和设计设备、机器或空间，使人机安全高效地交互（又称人因分析或人因工程）。

伦理（Ethics）—规范一个人的行为或一项活动而执行的道德原则；在技术与工程教育中，以技术发展和使用相关的伦理实践和考量为基础，进行决策。

伦理的（Ethical）—符合一系列既定的原则或公认的职业行为标准。

评价/评估（Evaluation）—（1）收集、处理信息和数据，以确定一项设计满足需求的程度，并提供改进的方向。（2）通过正式和非正式的测试和技术来分析、评估和评价学生的成就、发展和表现的一个过程。

实验（Experimentation）—（1）开展可控试验或调查的行为。（2）尝试新的程序、想法或活动的行为。

反馈（Feedback）—使用系统输出和处理中提供的全部或部分信息，来调节或控制处理或输入，以改变输出。

预测（Forecast）—通过研究和分析可用信息得出的关于未来趋势的陈述，通常是一种概率。预测也是对事物将如何发展的预言，通常是在研究和分析现有相关数据的基础上得出的结论。

基础素养（Foundational literacies）—运算能力、文本素养、视觉素养以及对图表的理解，有别于更具体的学科素养，学科素养与特定内容领域的知识相关。

年级段（Grade level/Grade band）—儿童教育发展中的某一阶段，一种公认的学校各年级的分组方式（例如，学前至2年级、3~5年级、6~8年级和9~12年级）。

导航系统（Guidance system）—通过内置设备和控制器，为车辆导航提供信息的系统。

E

人因工程（Human factors engineering）—见"人体工程学"。

人类愿望和需求（Human wants and needs）—人类愿望是指渴望得到或梦想得到的东西，而人类需求是指维持生存所必需的东西。

无土栽培（Hydroponics）—不使用土壤，在水中或在含有溶解了营养物质的惰性介质（如沙子）中种植植物的技术。

构思（Ideation）—产生多种想法的过程，通常使用设计思维策略，如头脑风暴、草图、类推法等。构思与发散思维有关。

影响（Impact）——一件事物对另一件事物的作用或影响。在任何技术系统的使用中，有些影响是预期的，有些则是非预期的。

工业革命（Industrial Revolution）—一个充满创造性活动的时期，始于1750年左右，起源于英国。在这一时期，工业和技术的变革使得机械化设备替代了先前大部分体力劳动。工业革命带来了众多社会变革以及产品制造方式的改变。

信息（Information）—技术系统使用的基本资源之一。信息是以条理清楚且有意义的方式加以组织、交流的数据和事实。

信息时代（Information Age）—始于20世纪50年代并延续至今的一段活动时期，在这一时期，信息的收集、处理、分类、存储和检索是社会运作的核心。信息时代因互联网的发展而得到加强，互联网是一种广泛且飞速交换信息的电子手段。

信息系统（Information system）—由接收和传输信息的要素组成的系统。信息系统可能使用不同类型的载体，如卫星、光纤、电缆和电话线，交换机和存储设备往往是其重要组成部分。

基础设施（Infrastructure）—（1）一个系统或组织的基本框架或特点。（2）满足一个国家或社会的居民所需的基本物质系统，包括交通设施和公共设施。

创新（Innovation）—对现有技术产品、系统或做事方式的改进。

无机的（Inorganic）—不具有生命体的特征、结构和构成，也就是无生命的。

输入（Input）—为实现某一结果，而投入到系统中的东西，如资源。

在职/在职培训（In-service）—（1）全职员工。（2）研讨会和讲座，旨在使从业人员了解本领域的最新发展。

教学技术（Instructional technology）—使用计算机、多媒体和其他技术工具来提高教与学的过程，也被称为教育技术。

整合（Integration）—将各部分组合成一个整体的过程。

智力（Intelligence）—获取知识和熟练运用推理的能力，也就是理解的能力。

智能交通运输系统（Intelligent transportation system）—整个交通运输系统的发展规划，通过将信息技术以及先进控制电子技术与自动化技术嵌入系统中，来实现交通管制、高速公路和事故管理，以及应急响应等功能。

跨学科教学（Interdisciplinary instruction）—一种教育方法，学生在多个学术领域或学科背景下学习一个主题及其相关问题。缩略词STEM、STEAM等相关的变化词都是指这种教育方法。

多式联运（Intermodalism）—使用一种以上的运输方式（模式）。

发明（Invention）—通过研究和试验创造出前所未有的新产品、新系统或新工艺。

铁器时代（Iron Age）—人类文明的一个时期，其特征是铁的冶炼及其在工业中的应用，始于青铜时代之后，约公元前1000年以前，起源于西亚和古埃及。

辐射（Irradiation）—通过使用电离辐

射进行的治疗，如X射线或放射源（例如，放射性铱微粒）。

灌溉系统（Irrigation system）—利用沟渠、管道或溪流进行人工分配水资源的系统。

迭代（Iterative）—是指重复一个程序或过程，直至满足某一条件。在设计中，迭代是指在过程中重新审视各个阶段，不断改进设计结果。

关键理念（Key idea）—具有持久影响并被广泛认为对所有学生的学习都很重要的概念或思想。

动觉（动作技能）学习[Kinesthetic (psychomotor) learning]—通过身体活动进行学习的教育活动，需要在实践环境中使用身体的各个部位（又称触觉学习）。

动能（Kinetic energy）—物体由于运动而具有的能量。

知识（Knowledge）—（1）人类获得的真理、信息和原理的集合。（2）可使用的解释性信息。

实验室-教室(Laboratory-classroom)—学校开展技术与工程教学的正式环境。在小学阶段，这个环境可能是一间普通的教室。在初中和高中阶段，此环境可能是一间单独的实验室，包含进行动手活动和分组教学的区域。

物流（Logistics）—从供应端到消费端的物品和信息流管理。

动手制作（Making and Doing）—创造事物的行为，也就是技术问题解决中涉及的触觉和动手制作部分，包括设计、制造/建造、生产和评估。这是开展技术和工程教育教学的核心内容。

维护（Maintenance）—为保持事物处于正常状态而进行的工作，也就是保养。

管理（Management）—控制生产过程，并确保其有效且高效运行的行为；也用于指导产品或系统的设计、开发、生产和销售。

制造（Manufacturing）—将原材料转化为成品的过程。

制造系统（Manufacturing system）—在制造过程中，用于为最终用户制造产品的一个系统或一组系统。

营销（Marketing）—销售商品或提供服务的行为或过程。

大规模生产（Mass production）—通过机器、标准化设计和部件，以及常见的装配线，来大量制造产品。

材料（Material）—构成实物产品的有形物质（物理的、化学的、生物的或复合的）。技术系统使用的基本资源之一。

材料转换和加工（Material conversion and processing）—实物产品的生产。

数学家（Mathematician）—数学方面的专家或学者。

数学（Mathematics）—关于模式和顺序的科学，以及对测量、属性和数量关系的研究；使用数字和符号。

测量（Measurement）—通过将尺寸、数量或容积与标准进行比较，以标记、划分、规划或确定尺寸的过程。

医疗与卫生相关技术（Medical and health-related technology）—属于医学研究或与医学研究相关的技术，依赖于技术的使用和进步，如医疗器械、成像系统和其他工具。相关术语包括生物医学工程和医疗创新。

医学（Medicine）—诊断、治疗、预防疾病和其他身心伤害的科学。

中世纪（Middle Ages）—欧洲史上从古代到文艺复兴之间的时期，通常指公元476年到1453年这一时间段。

模型（Model）——项工艺或设计的视觉化、数学化或三维效果的详细呈现，通常比原型小。模型可以用来检验设想、改进设计，并更深入地了解类似的真实过程中可能会发生的情况。

模块（Module）— 一个独立的教学单元。

多媒体（Multimedia）— 采用多种形式（如视频、音频和数据）混合并传输的信息。

天然材料（Natural material）— 存在于自然界中的材料，如木材、石料、天然气和黏土。

不可生物降解的（Non-biodegradable）— 物质难以被分解（降解）的性质，因而在很长一段时间内保持其形态不变。

非耐用物品（Non-durable goods）— 不能持久且不断被消耗的物品，如纸制品。

不可再生的（Nonrenewable）— 不能被恢复的过程、事物或资源。

核能（Nuclear power）— 核裂变或核聚变产生的能量。

过时（Obsolescence）— 由于实现同一目标的方式得到改进或优化，产品或系统失去了使用价值。

开环系统（Open-loop system）— 无法将输出和输入加以联系，以实现控制目的的一种控制系统。开环系统的控制通常需要人为干预。

乐观（Optimism）— 相信技术可以改进，并致力于通过试验、建模和调试等方式不断寻找更优的解决方案，以应对设计挑战。乐观也反映了一种积极的态度，即在每一个挑战中都能找到机会。

优化（Optimization）—（1）在给定的准则和约束条件下，使设计或系统尽可能有效或实用而采取的行为、过程或方法。（2）一种工程实践，即寻找最有效的解决问题的方法，并使用最少的资源来创造最好的产品。

输出（Output）— 系统运行的结果。

计划（Plan）— 为了完成某一过程或实现某一目标而事先制订的一系列步骤、

程序或方案。

作品集（Portfolio）—系统化、条理化的学生作品汇编，可能包括研究的成果、成功和不太成功的想法、程序的说明和采集的数据。

势能（Potential energy）—由位置或结构决定的粒子、物体或系统的能量。

功率/能量（Power）—（1）单位时间内所做功的多少；做功或转换能量的速率。（2）物理系统运行或机器运转所需能量或动力的来源。

权威标准（Power standards）—持久的、可广泛适用于其他标准的内容标准，并且是实现下一层次教学的要求。

动力系统（Power system）—将能源转化为动力的技术系统。

实践（Practice）—在参与技术与工程认知、思维和行动的过程中所采取的行为。

职前（培训）（Pre-service）—职前教师所学的本科或研究生课程。

基于问题的学习（Problem-based learning）—一种以学生为中心的教学方法，学生通过解决开放性问题所获得的经验来学习一门学科。

问题解决（Problem solving）—为了解决某个问题或满足某种需求或愿望，而进行的理解问题、制订计划、执行计划以及评估计划的过程。

程序性知识（Procedural knowledge）—知道"如何做"。

过程/流程（Process）—（1）用于创造、发明、设计、改造、生产、控制、维护和使用产品或系统的人类活动。（2）为实现一定产出，将资源结合起来的一系列系统性活动。

生产（Produce）—创造、开发、制造或建造一个人工制造的产品。

产品（Product）—通过人工或机械加

工，或通过生物或化学工艺而生产出的有形的人工制品。

产品生命周期（Product lifecycle）—产品从概念和创造到最终被淘汰所经历的各个阶段。

生产系统（Production system）—通过制造（如在装配线上）或建造（如工地上的建筑）来进行产品和系统生产的技术系统。

基于项目的学习（Project-based learning）—涉及"做中学"的一种教学方法，通常让学生专注于一个现实世界的问题，并设计出实用的解决方案。

推进系统（Propulsion system）—为驱动车辆而提供能源、转换和传输动力的系统。

原型（Prototype）—全尺寸工作模型，通过实际观察和必要的调整来检验设计概念。

动作技能（动觉）学习[Psychomotor (kinesthetic) learning]—见"动觉学习"。

质量控制（Quality control）—确保产品或工艺达到预期的质量标准的系统。质量控制通常需要对检测到的缺陷信息进行反馈，以进一步改进工艺。

接收器（Receiver）—通信系统的一部分，从信道中接收信号或信息，并将其转换为可感知的形式。

回收利用（Recycle）—回收或再利用旧材料，以制造新产品。

文艺复兴（Renaissance）—从中世纪到近代的一场欧洲变革运动，始于14世纪的意大利，一直持续到17世纪，以艺术和文学的繁荣为特点，是现代科学的开端。

可再生的（Renewable）—指一种商品或资源，如太阳能或木柴，是取之不尽用之不竭的，或者说，通过自然生态循环或良好的管理能恢复

附录 E 词汇表

制约条件（Requirements）—产品或系统开发的限制参数。制约条件可能包括安全需求、限制想法发展的物理法则、可用资源、文化或社会规范以及功能准则和约束等。

研究和开发[Research and development（R&D）]—对科学和工程知识的实际应用，目的是发现新型产品、工艺和服务方案，并应用这些知识来创造新的和改进的产品、工艺和服务，以满足市场需求。

资源（Resource）—完成一项工作所需的东西。在技术系统中，基本的技术资源有：能源、资本、信息、机器和工具、材料、人以及时间。

机器人（Robotics）—能够自动执行任务或在不同程度的直接人为控制下执行任务的机械装置。

卫生（Sanitation）—解决基本公共健康问题的方法之设计和实践，如排水、水和污水处理以及废物清除等。

比例（Scale）—两组尺寸之间的比例，用于将设计理念转化为精确的、放大或缩小的原型或模型。

原理图（Schematic）—化学、电气或机械系统的图纸或图表。

科学（Science）—通过观察、辨别、描述、实验探究和理论解释等方式，对自然界进行的研究。

科学探究（Scientific inquiry）—使用科学的方法提出疑问和进行严密考察。

科学素养（Scientific literacy）—对科学事业和科学实践有一定的熟悉程度。

科学家（Scientist）—科学和科学探究方面的专家或学者。

服务（Service）—由经销商、制造商、所有者或承包商提供或完成的安装、维护或维修。

副作用（Side effect）—不重要的或次要的影响，尤其是指非预期的次要影响。一些副作用会成为新的发展的核心基础。

草图（Sketch）——表示某一过程或场景的主要特征的粗略图，常作为初步研究而绘制。

社会（Society）——具有共同的传统、制度、集体活动和利益的人组成的社区、国家或更广泛的群体。

解决方案（Solution）——解决问题的方法或过程。

技术与工程素养标准（Standards for Technological and Engineering Literacy）——为了使学生成为具备技术与工程素养的人，明确规定了学生应该具备的知识（学生应该知道什么）、技能（学生应该会做什么）和价值观（学生的信念或价值观）的书面报告。

标准化（Standardization）——（1）通过与某一标准作比较来进行检查或调整的行为。（2）制订工艺或产品的通用需求，为其结构或性能设置一组一致的期望。

STEM——将科学、技术、工程和数学学科及其相关内容、实践和应用组合在一起的一个术语。

STEM素养（STEM literacy）——STEM素养并不是四种学科素养的简单组合，其区别在于，具备STEM素养能更全面地理解如何整合和应用四门学科的概念、过程和思维方式，以取得更好的成果。

石器时代（Stone Age）——人类史前文明中已知的第一个时期，以石器工具的使用为特征。

结构（Structure）——（1）部分要素按特定方式建造、构建或组织而成的整体。（2）已经建造好或构筑好的物体（如桥梁、房屋或水坝）。（3）为某物组织、安排或提供系统框架的行为。

子系统（Subsystem）——系统的一部分，其本身就具有系统的特征。

附录 E 词汇表

支持系统（Support system）——由人员和（或）工具组成的网络，为系统（如交通运输系统）的安全和有效运行提供生活、法律、操作、维护和经济方面的支持。

减震系统（Suspension system）——由弹簧和其他装置组成的系统，它使车辆的乘客舱免受车辆其他部分（如车轮和车轴）带来的震动。

可持续（Sustainability）——（1）与获取或使用资源相关的一种方式，不会使资源被耗尽或永久性破坏。（2）与长期的持续性人类活动有关，它不会破坏人类未来赖以生存的环境（如土壤条件、水质、气候）。

符号（Symbol）——一种主观或常规的标志，用来表示操作、数量、元素、关系或质量，或者提供方向引导或安全警示。

合成材料（Synthetic material）——自然界中不存在的材料，如玻璃、混凝土和塑料。

系统（System）——一组相互作用、相互关联或相互依赖的元件或部件，作为一个整体为实现同一目标而共同发挥作用。

系统思维（Systems thinking）——（1）一种全面、整体地看待问题的方法，而不是只看问题的各个部分或组成部分。系统思维需要全面考虑影响系统的因素和受系统影响的因素，包括其社会特征和技术特征。（2）个人理解所有技术都包含相互关联的组成部分，这些技术与其运行的环境相互作用。它还包括对系统模型的理解，模型由输入、处理、输出和反馈组成。

技术设计（Technological design）——应用设计过程来开发产品、工艺或解决某个问题，最有代表性的是工程设计。技术设计是一个广泛的术语，包括工程设计，也可能包括工业设计、平面设计、用户体验设计、建筑设计和其他设计子专业。

技术与工程情境（Technological and engineering contexts）——说明可以

应用核心标准、基准和实践的内容领域。在《技术与工程素养标准》中，这些情境包括计算、自动化、人工智能和机器人，材料转换与加工，运输与物流，能源与动力，信息与通信，建筑环境，医疗与卫生相关技术，以及农业和生物技术。

技术与工程素养（Technological and engineering literacy）—随着时间的推移，以越来越复杂的方式理解、使用、创造和评估人类设计环境的能力。

技术与工程实践（Technological and engineering practices）—技术与工程教育课程中学生应该表现出的关键行为和个人品质。在《技术与工程素养标准》情境下，这些实践指系统思维、创造力、动手制作、批判性思维、乐观、合作、沟通和关注伦理。

技术素养（Technological literacy）—理解、使用、创造和评估技术与工程活动的产物（人类设计的环境和人工制品）的能力。

技术学习（Technological studies）—见"技术教育"。

技术专家（Technologist）—某一特定技术领域的专家或学者。

技术（Technology）—（1）通过人工设计的产品、系统和流程，对自然环境进行改造，以满足人类需求和愿望。（2）广义上指由上述改造产生的工具、机器或系统。

技术与工程教育（Technology and engineering education）—对工程（人工设计）世界的整合性学科学习，其目标是培养具有广博知识和能力的个人，使他们意识到技术、工程和社会之间的相互作用，并能使用、创造和评估当前的和新兴的技术。

技术教育（Technology education）—对人工设计世界相关学科的学习，让学生有机会学习用于解决问题和拓展人类能力的技术过程和知识（又称"设计与技术""技术学习"等）。

附录 E　词汇表

技术转移（Technology transfer）—在联邦研发基金的支持下，产品、系统、知识或技能被转化为商业产品，以满足公共和私人需求的过程。

远程医疗（Telemedicine）—无论患者身在何处，无论相关信息位于何地，使用能够随时获取专家建议和患者信息的系统，对患者进行检查、监测和管理，以及对患者和工作人员进行教育。远程医疗的3个主要方面是：健康服务、远程通信和医用计算机技术。

主题单元（Thematic unit）—用以组织课堂教学的一系列课程演示，它围绕与某一主题相关的特定材料、活动和学习情节开展。一个主题单元可能会整合几个学科内容领域。

反复改进（Tinkering）—以不熟练或探索性的方式对某物进行小幅改动，尤其是试图修复或改进这一事物时会这么操作。

工具（Tool）—人类用来完成一项任务的装置。

权衡取舍（Trade-off）—以一物代替另一物，尤其指放弃一种利益或优势以换取另一种被认为更可取的利益或优势。

跨学科（Transdisciplinary）—来自多门学科的教育或研究实践。尽管"跨学科"和"多学科"经常互换使用，但在这里，跨学科是指打破学科界限，以创造新的、更全面的理解和解决方案。

传送（Transmit）—将编码或非编码信息从信源发送或传递到信宿。

运输（Transportation）—将乘客或货物从一处移动或运送到另一处的过程。

交通运输系统（Transportation system）—由组件和（或）基础设施组成的系统，以实现将货物或乘客从一处运送到另一处的目的。

趋势分析（Trend analysis）—对产品或系统的组成部分，以及产品或系统随时间发展的趋向所作出的比较研究。

试错（Trial and error）—一种解决问

题的方法，在此方法中，尝试多种解决方案，直到错误被减少或降至最低（见"反复改进"）。

故障排除（Troubleshoot）——定位并找到技术产品或系统相关问题的原因所在。

通用设计（Universal design）——创造产品或系统的过程，无论人们的年龄、体型或能力如何，都可以使用该产品或系统。

虚拟（Virtual）——对真实事物的一种模拟，使其在本质上或效果上让人产生真实感，但并不是真实的。

废弃物（Waste）——被认为是无用的废物或副产品，因此必须被消耗、储存或丢弃。

功/工作（Work）——（1）能量从一个物质系统转移到另一个物质系统，其大小等于力与物体在力的方向上通过的距离的乘积。（2）为达到某种目的或结果而进行的身体或精神活动，特别是与一个人的工作或职业任务相关的活动。

NOTES

NOTES

NOTES

NOTES

图书在版编目（CIP）数据

技术与工程素养标准：技术与工程在STEM教育中的作用/美国国际技术与工程教育协会（ITEEA）著；顾建军等译. —上海：上海科技教育出版社，2024.4（2025.10重印）

书名原文：Standards for Technological and Engineering Literacy: The Role of Technology and Engineering in STEM Education

ISBN 978-7-5428-8117-5

Ⅰ.①技… Ⅱ.①美… ②顾… Ⅲ.①科学知识—教学研究—中小学 Ⅳ.①G633.72

中国国家版本馆CIP数据核字（2024）第006937号

责任编辑　汤敏燕
装帧设计　杨　静

技术与工程素养标准：技术与工程在STEM教育中的作用
［美］国际技术与工程教育协会（ITEEA）　著
顾建军　等　译
刘宝存　审校

出版发行	上海科技教育出版社有限公司
	（上海市闵行区号景路159弄A座8楼　邮政编码201101）
网　　址	www.sste.com　www.ewen.co
经　　销	各地新华书店
印　　刷	上海中华印刷有限公司
开　　本	787×1092　1/16
印　　张	13
版　　次	2024年4月第1版
印　　次	2025年10月第2次印刷
书　　号	ISBN 978-7-5428-8117-5/G·4824
图　　字	09-2023-1141号
定　　价	128.00元

Standards for Technological and Engineering Literacy:
The Role of Technology and Engineering in STEM Education

Copyright © International Technology and Engineering Educators Association.
All Rights reserved.
Chinese (Simplified Characters) Edition Copyright © 2024 by
Shanghai Scientific & Technological Education Publishing House Co., Ltd.
This translation is published by arrangement with International Technology and Engineering Educators Association.

上海科技教育出版社有限公司业经International Technology and Engineering Educators Association授权取得本书中文简体字版版权